“重庆市普通高中综合实践活动课程创新基地”项目(渝教基发〔2020〕14号)

“劳动+”型
综合实践活动实践探索

陈开龙 蒋志容◎编著

西南大学出版社
SWUP 国家一级出版社 全国百佳图书出版单位

图书在版编目(CIP)数据

“劳动+”型综合实践活动实践探索 / 陈开龙，蒋志容编著. -- 重庆 : 西南大学出版社，2024. 10.

ISBN 978-7-5697-2545-2

Ⅰ. G632.3

中国国家版本馆CIP数据核字第20244N4C17号

“劳动+”型综合实践活动实践探索

“LAODONG+” XING ZONGHE SHIJIAN HUODONG SHIJIAN TANSUO

陈开龙　蒋志容　编著

责任编辑：时曼卿

责任校对：杨光明

装帧设计：起源

排　　版：吴秀琴

出版发行：西南大学出版社（原西南师范大学出版社）

地址：重庆市北碚区天生路2号

邮编：400715

印　　刷：重庆市合川区书香印务有限公司

成品尺寸：185 mm×260 mm

印　　张：11.5

字　　数：206千字

版　　次：2024年10月　第1版

印　　次：2024年10月　第1次印刷

书　　号：ISBN 978-7-5697-2545-2

定　　价：58.00元

前言

preface

本书系重庆市合川太和中学2020年申报立项的“重庆市普通高中综合实践活动课程创新基地”项目(渝教基发〔2020〕14号)的研究成果。太和中学作为一所于1944年建校的农村完全中学,能成功立项重庆市2020年普通高中综合实践活动学科唯一的课程创新基地项目,这是莫大的荣誉！同时,也让我们倍感压力。作为该项目的负责人和管理者,我们牵头了该项目的申报、立项、建设、研究、结项等工作。尽管在基地建设这几年里遇到了各种各样的困难和阻力,但通过广大师生特别是项目主研人员的共同努力,最终完成了此书撰写,并得以顺利出版,让我们倍感荣幸!

本书共九章,内容涵盖了“劳动+”型综合实践活动的内涵、特征、框架、实施策略与实践路径,包括二十多个学生的“劳动+”型综合实践活动案例。因此,本书具有一定的理论价值和实践指导作用。要说明的是,“‘劳动+’型综合实践活动”概念,是本研究提出的一个新概念,具有一定的原创性。本书内容主要围绕该核心概念展开并大胆地进行了实践探索。

本书第一部分为理论性内容,包括第一至二章。第一章“劳动+”型综合实践活动概述,介绍了“劳动+”型综合实践活动背景、内涵、特征和活动框架。第二章“劳动+”型综合实践活动实施,介绍了“劳动+”综合实践活动的课程体系、实施策略和具体的实践路径。

本书第二部分为实践性部分,包括第三至七章。每章均以“劳动+课程”“劳动+生活”“劳动+服务”“劳动+基地”“劳动+创造”这五个主题分为五节,分别阐释了“劳动+”型综合实践活动与德育、智育、体育、美育、劳动教育的关系,探讨了五育融合式的综合实践活动。每节还配有学生综合实践活动的典型案例,做到了图(活动图片)文并茂。在活动案例之后,还有从“劳动+”型综合实践活动的劳动性、整合性、探究性、创造性、反思性这五个特征进行的简评,以增强本书的可读性和“劳动+”型综合实践活动的可复制性。

本书第三部分是第八章评价部分，介绍了“劳动+”型综合实践活动的评价办法，包括对学生活动的评价和对教师指导的评价。

本书最后部分为第九章基地建设的效应，从“劳动+”型综合实践活动促进了学生全面发展、促进了教师专业成长、推动了学校特色发展、扩大了学校社会影响等方面进行介绍。

回溯3年的课程基地建设的过程和研究经历，我们感慨良多，同时也收获满满。在此，我们首先感谢重庆市教委、合川区教委的课程建设经费支持；其次，要感谢重庆市合川太和中学在人力、物力、财力等方面的大力支持和对课程建设的组织领导；再次，感谢项目组全体同仁的鼎力协作、研究和实践探索；最后，要感谢西南大学出版社接纳本书并精心编辑得以及时面世。

最后要说明的是，因我们的课程理论和教育理论有限，加之此前我们没有重庆市级高中课程创新基地建设的实践经验，故本书在编写时难免会存在一些不足之处，敬请读者多多批评指正！

陈开龙　蒋志容

2024年2月

目录

contents

第一章
“劳动+”型综合实践活动概述

“劳动+”型综合实践活动，是笔者等人在2020年发表的论文中提出的新概念。它不是“劳动”和“综合实践活动”两个概念的简单组合，而是将这二者的内涵有机融合而成的新概念，是以劳动作为活动的实施载体而开展的综合实践活动的统称。为什么要提出“劳动+”型综合实践活动概念？它的内涵是什么？它具有哪些特征呢？这正是本章我们要回答的问题。

第一节　“劳动+”型综合实践活动的背景

重庆市合川太和中学始建于1944年，系一所农村完全中学，设有初中部、高中部两个校点，2008年晋升为重庆市重点中学，是合川建区以来的第二所重庆市级重点中学。

2016年，学校梳理70多年来的办学经验，提炼了以“和”为核心的文化理念，进而提出了“和而大同、和而不同”的办学理念以及“和正和达、至善至真”的校训。2019年，在合川区整体推进生活教育光大工程的实践过程中，学校积极弘扬陶行知先生的生活教育理论，落实其“育才二十三常能”，以发展学生核心素养，培养“全面发展的人”为目的，在“合川区新二十三常能”总体框架下研究具有学校特色的新常能，从而构建了符合学校学生特点的“新二十三常能”。

接下来，学校又从培养学生的“新二十三常能”入手，结合农村中学实际，确定以劳动作为活动的实践载体，整合综合实践活动等其他形式的活动，开展融合性的综合实践活动，以减轻因活动分散、活动多而带来的活动负担，遂提出了“劳动+”型综合实践活动概念，以此推动学校的“重庆市普通高中综合实践活动课程创新基地”项目（渝教基发〔2020〕14号）建设。

第二节　“劳动+”型综合实践活动的内涵

2017年9月，教育部颁布的《中小学综合实践活动课程指导纲要》（以下简称《纲要》）指出，综合实践活动是从学生的真实生活和发展需要出发，从生活情境中发现问题，转化为活动主题，通过探究、服务、制作、体验等方式，培养学生综合素质的跨学科实践性课程。这里的“真实生活”“探究、服务、制作、体验”在很大程度上与劳动有关。

2020年3月，中共中央、国务院《关于全面加强新时代大中小学劳动教育的意见》强调，劳动教育是国民教育体系的重要内容，是学生成长的必要途径，具有树德、增智、强体、育美的综合育人价值。这里的“树德、增智、强体、育美”，说明了劳动教育的重要育人价值和在“五育”中的重要地位。教育家苏霍姆林斯基说过，离开劳动，不可能有真正的教育。这强调了劳动的重要性。

基于此，学校立足于农村学校的实际，以劳动作为综合实践活动的主要突破口，整合校内外的课程资源，提出了“劳动+”型综合实践活动概念。

概念提出后，经过一段时间的实践探索，我们概括出了“劳动+”型综合实践活动的内涵：“劳动+”型综合实践活动是学校以劳动作为活动的主要载体，整合校内外的课程资源，主要通过“劳动+课程”“劳动+生活”“劳动+服务”“劳动+基地”“劳动+创造”等方式开展的具有反思性、探究性、创造性的实践活动。

第三节 “劳动+”型综合实践活动的特征

从前面“劳动+”型综合实践活动的内涵看，该内涵既明确了活动的主要载体和实施路径，还呈现出了劳动性、整合性、探究性、创造性、反思性这五个特征。

一、劳动性

劳动性是指学生参加真实的劳动，通过“劳动+课程”“劳动+生活”“劳动+服务”“劳动+基地”“劳动+创造”等方式，接受劳动教育、树立劳动观念，学习服务知识、提升服务能力，学习劳动技术、增强劳动技能。劳动性包含了综合实践活动的实践性。

二、整合性

整合性是指学校把劳动课、综合实践活动课和日常性活动、专题性活动等进行顶层设计和整合，形成“劳动+”型综合实践活动。这样的整合既缩减了单个课程的教学时长、节省了教学时间，又避免了重复性的教学和活动，有利于减轻教师教学和学生学习的负担。整合性包含了综合实践活动的综合性。

三、探究性

探究性是指学生在"劳动+"型综合实践活动中做到手脑并用、学思结合，探究现实的、真实的问题，撰写切实的研究报告或论文等，而不是做完活动了事。

四、创造性

创造性是指学生在"劳动+"型综合实践活动中，能够发现新问题、探索新方法、学习新技术、设计新作品等。

五、反思性

反思性是指学生在"劳动+"型综合实践活动之后，及时进行反思、总结，撰写相关的心得或案例等。

我们开展的综合实践活动，具有劳动性、整合性、探究性、创造性、反思性这五个特征中的特性越多，就说明活动的综合程度越高，对培养学生的综合素质就越有利。

第四节　"劳动+"型综合实践活动的框架

我们先构建了"劳动+"型综合实践活动的框架，在此框架下，为培养学生的"新二十三常能"，构建了基于"新二十三常能"校本课程开发框架。

一、"劳动+"型综合实践活动的框架

从"劳动+"型综合实践活动的内涵出发，为实现学校提出的学生"新二十三常能"，我们构建了"劳动+"型综合实践活动框架，以此推动"劳动+"型综合实践活动的落地。

学校贯彻教育必须与生产劳动和社会实践相结合，培养德智体美劳全面发展的社会主义建设者和接班人的教育方针，积极落实"五育并举"办学举措，力求"让学

生关键能力培养真实落地”。根据《纲要》提出的综合实践活动课程总目标（学生能从个体生活、社会生活及与大自然的接触中获得丰富的实践经验，形成并逐步提升对自然、社会和自我之内在联系的整体认识，具有价值体认、责任担当、问题解决、创意物化等方面的意识和能力）和国务院办公厅发布的《关于新时代推进普通高中育人方式改革的指导意见》等文件精神，结合农村中学的实际，以培养学生的“新二十三常能”为主要指向，构建了“劳动+”型综合实践活动框架（见图1-1）。

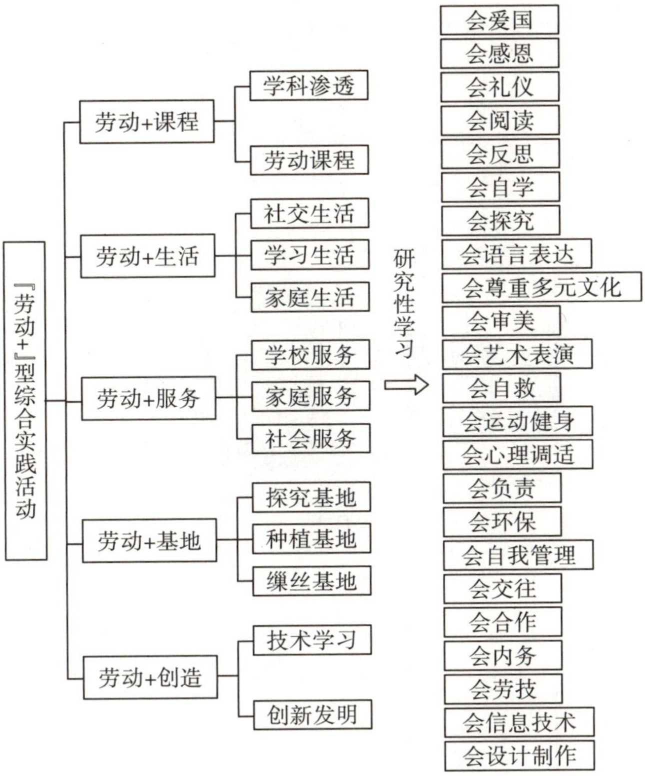

图1-1 “劳动+”型综合实践活动框架

二、“新二十三常能”校本课程开发框架

学校基于陶行知先生的“育才二十三常能”，充分发挥“育才二十三常能”的当代育人价值，结合《中国学生发展核心素养》、加德纳的多元智能理论和陶行知先生的生活教育“三力论”（生活力、自动力、创造力），在合川区整体推进生活教育光大工程的实践过程中，融入综合实践活动（如考察探究、社会服务、设计制作、职业体验及其他活动）内容，构建了学校“新二十三常能”（详见本章附录）。其中，附录中学校的“新二十三常能”是按照生活力、自动力、创造力来划分的，具体包括生活力9常能、自动力10常能、创造力4常能。但学校在开发校本课程时，为了能够与学科有

机结合，又按照《中国学生发展核心素养》的内容将学校的"新二十三常能"分成了七大类，具体包括：3项品德修养常能（会爱国、会感恩、会礼仪）、6项学习文化常能（会阅读、会语言表达、会自学、会探究、会反思、会尊重多元文化）、2项艺术审美常能（会审美、会艺术表演）、3项运动自救常能（会自救、会运动健身、会心理调适）、3项责任担当常能（会自我管理、会负责、会环保）、2项合作交往常能（会交往、会合作）、4项劳动技术常能（会内务、会劳技、会信息技术、会设计制作）。据此，学校构建了"新二十三常能"校本课程开发框架（见图1-2），围绕该框架开发课程，培养学生的"新二十三常能"、学科素养等综合素质与能力。

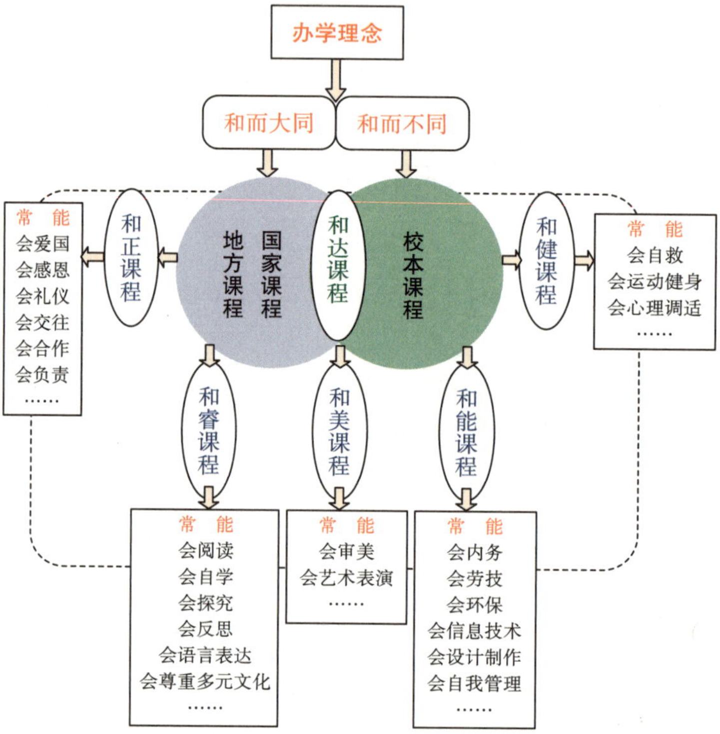

图1-2 "新二十三常能"校本课程开发框架

需要说明的是，图1-2所示的"和达课程"，是学校对国家课程、地方课程、校本课程统整后的称谓，它分为和睿课程、和正课程、和美课程、和能课程、和健课程五大板块。图中，文字框中的省略号表示除了培养学生的"新二十三常能"外，还要培养学生的学科素养等。一门课程可以培养学生多种常能，多门课程也可以培养学生同一常能。各课程、各常能之间并非孤立存在，而是具有内在逻辑关联。因此，校本课程在培养学生"新二十三常能"的同时，能进一步提升学生的综合素质，发展学生的核心素养。

三、“劳动+”型综合实践活动框架解读

从前面介绍的“劳动+”型综合实践活动框架可以看出，它回应了“劳动+”型综合实践活动的结构、内容、目标分别是什么。

从结构看，该框架厘清了学校开展综合实践活动的思路，明确了综合实践活动的主要载体、活动框架、实施路径和目标。

从内容看，“劳动+”型综合实践活动的内容极其丰富、覆盖面广，在所有的活动中均渗透了研究性学习。开展“劳动+”型综合实践活动，就是在落实立德树人根本任务，就是在扭转当前学校普遍存在的过于注重应试的功利化办学倾向，就是在积极响应党的十九大报告提出的“发展素质教育”号召。素质教育的倡导者、教育部原总督学柳斌强调，究竟什么是素质教育？以提高国民素质为宗旨，以立德树人为核心，以培养创新精神和实践能力为着重点，面向全体学生，力求德、智、体、美全面发展，把知、情、意、行融合起来，把学会做人，学会求知，学会办事，学会健体，学会审美，学会创造贯穿于教育过程的始终。

从目标看，该框架明确以培养学生“新二十三常能”为指向。“新二十三常能”涵盖了学生“五育”的各个方面，通过“劳动+”型综合实践系列活动，在着力培养学生“新二十三常能”的同时，提升学生的综合素质、发展学生的核心素养。

附：

重庆市合川太和中学“新二十三常能”框架

生活力9常能

1.会运动健身：有运动健身意识，会1～3项运动项目，并努力发展成终身的兴趣爱好。

校本课程与活动：篮球、乒乓球、网球、羽毛球、足球、瑜伽、太极拳、传统武术、戏曲操等。

2.会自救：珍爱生命，有安全意识和自我保护的意识与能力；会发送急救信号、正确服药，会几种常见的急救措施，有逃生、防身的意识和能力。

校本课程与活动：急救求助、心肺复苏、紧急止血、处理烫伤、游泳、柔道、传统武术等。

3.会心理调适：会调适自己的情绪，保持健康向上和乐观的心态，遇事能冷静思考并灵活应对。

校本课程与活动：心理健康导航、心理咨询、"心晴"社、心理健康周等。

4. 会礼仪：言行举止符合社会主义核心价值观和公序良俗；注重个人仪表、仪态，举止得体；会招待宾客，礼貌待人。

校本课程与活动：文明礼仪、接待礼仪、用餐礼仪、服饰礼仪等。

5. 会语言表达：会合理表达，能用普通话进行交谈、讲演、朗诵、辩论，会写作文，能写常见的应用文。

校本课程与活动：朗诵技法、辩论技巧、常用应用文写作、让作文亮起来、三国英雄选评等。

6. 会内务：会做家庭、寝室、教室内务，有勤换、勤洗、勤打扫等良好卫生习惯，会收纳整理。

校本课程与活动：寝室内务、教室内务、书桌整理、衣物整理与收纳、房间布置等。

7. 会劳技：热爱劳动，能尊重他人的劳动成果；积极参加家庭、学校、社会的劳动实践活动，掌握一定的劳动技能和生活技能。

校本课程与活动：饮食营养与健康饮食、春蚕、"园中葵"种植社、"和耕苑"农场、烧饭菜、烘焙、钩针编织、十字绣、篆刻、剪纸等。

8. 会信息技术：能用电脑打字、编辑文章；利用互联网获取信息，并通过分析相关数据解决一些问题；运用信息技术等知识进行简单的设计创作。

校本课程与活动：3D作品设计与打印、网页设计、PPT制作、动画制作、简单视频制作、文档美编等。

9. 会审美：能辨别真善美，有正确的审美意识，会欣赏、品味、领会事物或艺术作品的美。

校本课程与活动：艺术节、画展、音乐欣赏、书法比赛、奇妙的对联、篆刻、剪纸等。

自动力10常能

10. 会爱国：对国家、中华民族有归属感、认同感、尊严感和荣誉感，并以实际行动自觉维护国家和民族的形象。

校本课程与活动：爱国主义教育基地研学、每周升旗仪式、国旗下讲话、唱爱国歌曲、国庆晚会、"中华魂"征文等。

11. 会感恩：感恩哺育、培养、教导、救护乃至帮助过自己的人，并通过自己的努力付出予以报答，有爱心。

校本课程与活动：感恩活动、教师节活动、班主任节活动、祭扫烈士、慰问孤老、孝敬父母、尊敬师长、爱心捐助等。

12. 会自我管理：能自律，管理好自己的生活环境、物品，规范自己的言行；有生涯规划，做到有计划地学习，合理安排日常生活。

校本课程与活动："三自"教育、"五化"教育、"五会"教育、生涯规划、文明礼仪监督、就餐监督、纪律监督、卫生监督等。

13. 会负责：有责任意识和担当意识，认真做好分内之事，敢于承担自己的言行带来的后果。

校本课程与活动：成人礼仪式、入团仪式、法治宣传，当班（团）干部、科代表、小组长、学生会干部，愿做志愿者等。

14. 会交往：会与长辈、师长、同学、朋友、陌生人等交流，说话得体，彬彬有礼，尊重他人，应对合度。

校本课程与活动：交往礼仪、文明寝室、文明班级、家校共育等。

15. 会合作：有合作意识，学会合作学习和做事，生活上互帮互助。

校本课程与活动："五环节"教学（互学）、考察探究、职业体验等。

16. 会阅读：掌握正确的阅读方法，养成阅读习惯，每年主动阅读3本以上的名著。

校本课程与活动：读书节、群文阅读、整本书阅读、会读书笔记等。

17. 会自学：有自学习惯，能用工具书解决学习中的问题，能合理利用互联网等进行学习。

校本课程与活动："五环节"教学（自学）、自学成果展览、学习方法分享等。

18. 会尊重多元文化：了解并尊重其他国家、民族和地区的文化与风俗习惯，能与其他国家、民族和地区的人平等交往、友好相处。

校本课程与活动：英文书法、英语剧、世界文学、世界科学家和艺术家的成就与故事等。

19. 会环保：敬畏大自然，有生态文明意识和环保意识，爱护环境，自觉践行绿色生活方式。

校本课程与活动：环境日活动、环保调查、环保志愿者、垃圾分类等。

创造力4常能

20. 会反思：在学习中学会总结、反思、质疑，在日常生活中不断总结经验与教训，有批判性思维。

校本课程与活动："五环节"教学（反思）、活动总结、反思日记等。

21. 会探究：有好奇心、想象力和科学探索精神，敢于探索未知的事物，努力寻求有效的解决方法。

校本课程与活动：研究性学习、数学小论文、生活中的化学、生活与地理、趣味数学、科学种植、自然笔记等。

22. 会设计制作：会用一定的工具和工艺进行简单设计，并尽可能将自己的创意或方案转化为物品或作品。

校本课程与活动：科技节、剪纸、十字绣、钩针编织、篆刻、小发明、3D作品设计与打印、办手抄报等。

23. 会艺术表演：能用语言、音乐、美术、舞蹈等艺术手段，把自己的思想、情感和对美的感受等表现出来。

校本课程与活动：艺术节、形体与舞蹈、合唱艺术、太中“好声音”、器乐团、合唱团等。

第二章
“劳动+”型综合实践活动实施

理解“劳动+”型综合实践活动的内涵及框架，为我们有效地开展“劳动+”型综合实践活动奠定了基础。在实践过程中，为确保活动的常态化实施，需采取相应的实施策略，明确具体的实施路径。

第一节 “劳动+”型综合实践活动课程体系

高中综合实践活动包括研究性学习、党团活动、军训、社会考察，以及研学实践、职业体验、社区服务等内容。为确保“劳动+”型综合实践活动扎实有序地开展并取得实效，学校构建了完整的课程体系支撑实践。

2017年初，学校凝练课程建设尤其是校本课程建设的实践经验，结合农村中学的实际，构建了“和达课程”体系框架（见图2–1）。根据该课程体系框架，绘制出了一张培养学生认知能力和综合素养的蓝图。

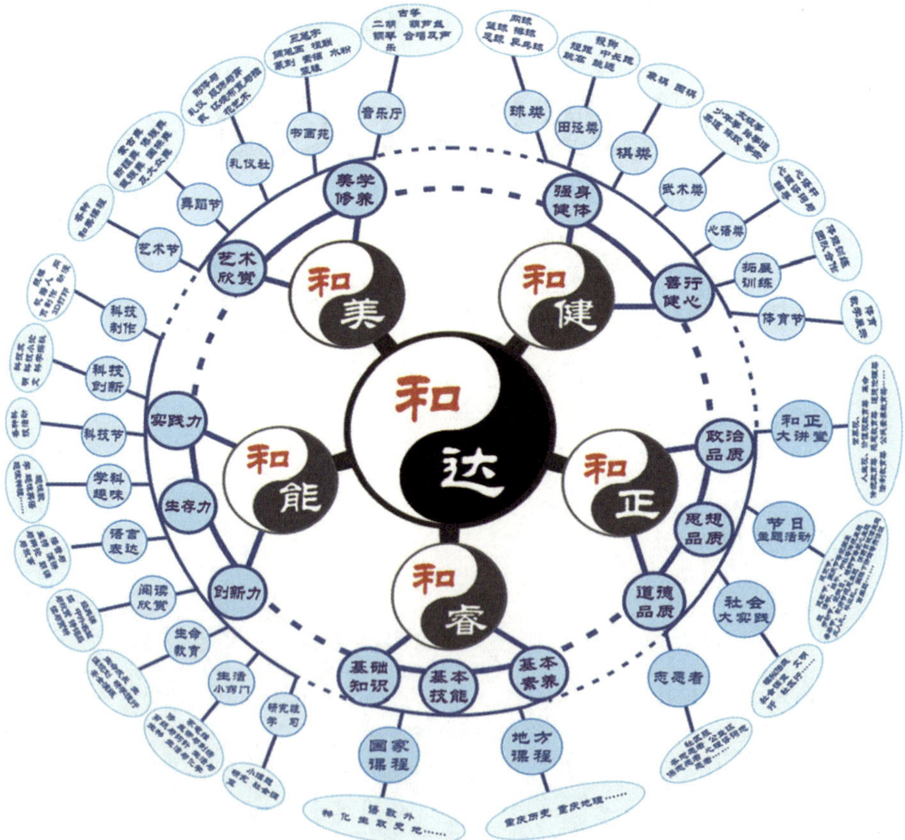

图2–1 “和达课程”体系框架

从理念看，“和达课程”以学校“和正和达、至善至真”的校训为指引，从顶层出发设计学校的课程，结合校名（太和中学）和镇名（太和镇），将国家课程、地方课程和校本课程统整之后命名为“和达课程”，彰显了太和地域文化。

从结构看，“和达课程”由和正课程、和睿课程、和能课程、和美课程、和健课程五大板块组成。每个板块又分为文化课程、活动课程两部分。

从内容看，“和达课程”涵盖了德智体美劳各方面内容，既有对文化课程的学习和探究，又有对活动课程的实践体验和创意物化，引导学生全面发展。

在“和达课程”体系框架下，学校以培养学生的“新二十三常能”为着力点，构建了校本课程框架，分期分批开发校本选修课程，以张扬学生的个性特长，从而实现学校“和而大同、和而不同”的办学理念。

目前，学校已开发了奇妙的对联、朗诵技法、辩论技巧、生活与地理、生活中的化学、趣味数学、数学小论文、篆刻、十字绣、钩针编织、剪纸、春蚕、动画制作、传统武术、柔道、瑜伽、太极拳、戏曲操、合唱艺术、形体与舞蹈、饮食营养与健康饮食、心理健康导航等共计50多门校本课程。这些课程涵盖了知识拓展类、兴趣特长类、生活服务类、社会实践类和职业技能类。其中，“奇妙的对联”“篆刻”“柔道基础教程”3门课程被重庆市教委评为市级普通高中精品选修课程。

第二节 “劳动+”型综合实践活动实施策略

开展“劳动+”型综合实践活动，要突出活动的劳动性、整合性、探究性、创造性和反思性，在实施过程中主要采取以下实施策略。

一、整体化策略

整体化指学校整体建构校本课程体系，规划综合实践活动。整体设计课程，能促进课程的有序化、常态化。一是整体规划课程。根据“和而大同、和而不同”的办学理念，学校构建了“和达课程”体系，开发校本课程，建立校内外实训基地。二是师生全员参与。建立课程评价激励机制，调动师生全员参与的热情，彰显课程规模效应。三是“五育”融合教育。开展“劳动+”型综合实践活动，让学生在学校活动和基地活动中去体验、立德、启智、健体、育美，实现“五育”融合教育。

二、个性化策略

个性化指根据师生的兴趣特长开展综合实践活动。个性化活动有特点、有吸引力，有利于课程特色化、常态化。一是根据教师特长开发课程，张扬教师个性，让教师有成就感。二是根据学生兴趣开发课程，让学生个性化发展。

三、生活化策略

生活化指利用学生的学校生活、家庭生活和村（社区）生活等开展综合实践活动。生活化活动易实施，有利于课程本土化、常态化。一是结合地情（如参观农业基地、渔业基地、乡企等），建立学生实训基地和研究基地。二是结合社情（如瞻仰烈士陵园、探访养老院等）开展社会服务。三是结合校情（如设置校内基地、卫生监督岗等），让学生进行角色体验。

四、灵活化策略

灵活化指课程的时间、地点、内容、方式要灵活。灵活化有利于课程可行化、常态化。一是时间灵活。有些活动应定时进行，如礼仪监督等；有些活动则应分散开展，如社会调查等。二是地点灵活。有些活动可在教室实施，如朗诵技法、对联创作等；有些活动可在家进行，如十字绣、篆刻等；有些活动在基地进行，如种养植物、制作蚕丝品等。三是内容灵活。除日常性活动外，每月还会开展主题活动。四是方式灵活。既可以探究、服务、制作、体验，又可以在学科教学中开展研究性学习，如让学生根据统计知识分析本班考试成绩并写分析报告。

五、导向化策略

导向化指课程的评价导向和内容导向。一是评价激励教师，每年表彰课程先进教师，并将其与评职、晋级、评先等挂钩。二是评价激励学生，严格评定学生的综合实践活动等级，表彰先进班级和优秀学生。三是以课程内容为导向，结合国家大事开展活动，如开展“我为建党100周年献礼”系列活动。

第三节 “劳动+”型综合实践活动实施路径

《纲要》提出，综合实践活动课程面向学生完整的生活世界，引导学生从日常学习生活、社会生活或与大自然的接触中提出具有教育意义的活动主题，使学生获得关于自我、社会、自然的真实体验，建立学习与生活的有机联系；鼓励学生从自身成长需要出发，选择活动主题，主动参与并亲身经历实践过程，体验并践行价值信念。综合实践活动除考察探究、社会服务、设计制作、职业体验这几种主要活动方式外，还有党团队教育活动、博物馆参观等。在活动设计时可以有所侧重，以某种方式为主，兼顾其他方式；也可以整合方式实施，使不同活动要素彼此渗透、融会贯通。这为我们以“劳动+”型综合实践活动为实施路径，开展综合实践活动提供了理论依据。

2023年6月，中共中央办公厅、国务院办公厅印发的《关于构建优质均衡的基本公共教育服务体系的意见》提出，加强劳动实践、校外活动、研学实践、科普教育基地和家庭教育指导服务中心、家长学校、服务站点建设，健全学校家庭社会协同育人机制。这进一步为我们开展“劳动+”型综合实践活动指明了方向。

为确保“劳动+”型综合实践活动常态化实施，学校结合农村学校的实际，以陶行知先生的生活教育理论为指导，确定了重点以培养学生的生活力、自动力、创造力的实施路径。

一、围绕生活力开展综合实践活动

陶行知先生提出的生活力包括康健、劳动、科学、艺术和社会改造等能力。学校围绕“新二十三常能”常态化地开展活动，培养学生的生活力。

围绕“运动健康”开展活动，培养学生的身体素质和健体能力。例如，开设网球、足球、篮球、乒乓球、传统武术、柔道、戏曲操等课程；举办春、秋季校运会，让学生或当裁判，或当运动员，或当宣传员，或当志愿者；每年开展“青春逐梦，扬帆起航”60华里远足活动；每天进行大课间“激情跑操”。这些活动面广人多，整体提升了学生的身体素质和健体能力，促进了学校特色化发展。

围绕“心理自救”开展活动，培养学生的自我调适与自救能力。学生心理健康了，才能愉快地学习。学校建立心理健康中心，开设心理健康导航课，开展心理咨询、心理健康周等活动，及时排解学生的心理问题，培养学生的自我调适与自救能力。

围绕“礼仪感恩”开展活动，提升学生的修养能力。一是开设礼仪课，让学生学习和感受传统礼仪文化，习得常规礼仪，坚定文化自信。二是在学校重大活动中，让礼仪队开展礼仪服务工作。三是在重阳节、教师节等节日时，让学生策划“我感恩”等班会活动。师生文明有礼，学校获得了重庆市社会主义文明礼仪示范学校等荣誉称号。

围绕“生活常能”开展活动，培养学生的生活能力。“滴自己的汗，吃自己的饭，自己的事情自己干”，是学生有生活力的表现。围绕学生的学校生活、家庭生活、村（社区）生活等开展活动，锤炼学生的生活能力。一是开设生活课程。如饮食营养与健康饮食课，引导学生学习营养知识，学会合理饮食，树立正确的饮食观念；开展“今天我主厨”活动，让学生在周末或节假日时为家人烧饭菜。二是坚持内务劳动。如开展“太中是咱家，环境靠大家”的日常活动，进行教室、寝室、公共场所的扫除与整理，每天检查评比。三是开展志愿服务。如每年开展的“学雷锋，我行动”主题活动等，要求学生到社区、养老院等地方做好义务劳动。近年学校获得了重庆市优秀卫生单位、中国陶行知研究会中学教育专业委员会“行知式好学校”等荣誉称号。

二、围绕自动力开展综合实践活动

陶行知先生提出的自动力，包括自治、自主、自我教育、自我管理、自强等能力。学校围绕“新二十三常能”常态化地开展综合实践活动，培养学生的自动力。

围绕自我管理开展活动，培养学生的自治能力。通过自我管理、合作交往、角色体验等活动和“三自”（自律、自强、自由）教育，培养了学生会自我管理、会负责、会交往等自治能力。区级科研成果“‘三自’教育的理论与实践研究”获区二等奖。又如开设生涯规划课，让学生正确认识自我，合理规划学业和职业。2021年学生针对新高考选科而做的调查报告，获合川区青少年科技创新大赛一等奖。近年学校成了重庆市文明单位、社区家长学校示范校。

围绕学科教学开展活动，培养学生的自学能力。学会学习是人们适应未来的重要能力。一是开展“五环节”教学，让学生“自学”“互学”“反思”，让学生当小先生，培养学生的自学能力。二是开设写作课，培养学生的研究学习能力与研究意识。三是拓展学科教学，开设奇妙的对联、朗诵技法、辩论技巧、播音主持等活动，培养学生阅读和语言表达等学习能力。“奇妙的对联”课程被评为市级普通高中精品选修课程，学校获得市楹联教育基地、百佳文学社团等称号。

三、围绕创造力开展综合实践活动

陶行知先生提出的创造力主要指创造、创新的能力。学校围绕“新二十三常能”常态化地开展综合实践活动，培养学生的创造力。

围绕“制作展演”开展活动。一是开设篆刻、剪纸、十字绣等课程，培养学生的创造力。比如：为校内基地设计作品并用鹅卵石刻篆，体现本土文化；开展陶行知生平事迹剪纸、十字绣等活动。二是成立合唱、形体与舞蹈等社团，每年举办“和韵生辉·艺养人生”艺术节，让学生去组织、策划、体验，培养了学生创造力。比如，合唱的校歌《放飞梦想》获得重庆市中小学生艺术展演活动班级合唱展评高（完）中组一等奖，重庆市中小学学生才艺大赛（高中组）获声乐类（民族唱法）一等奖。三是制作叶脉书签、马门溪龙实物贴画、动画和视频等，培养学生的创造力。

围绕“考察探究”开展活动。一是结合学科教学引导学生探究学习，如进行生活中的化学、生活与地理等探究活动。二是开展自然笔记、小调查、小发明等活动，培养了学生的创造力。比如，2020 年学生参加第六届重庆市梦想课堂·自然笔记大赛获一等奖等多项奖励。学校荣获重庆市普通高中新课程新教材实施示范校、合川区“行知品质课堂”教学改革示范学校等称号。

第三章
“劳动+”型综合实践活动与德育

长期以来，说教式德育存在德育虚化现象，难以触及学生的心灵，效果不佳。“劳动+”型综合实践活动与德育有机融合，践行生活德育理念，充实德育的内容，丰富德育的形式，能增强德育的实效性，锤炼学生的思想品格，落实立德树人根本任务。

学校将“劳动+”型综合实践活动与德育有机融合开展活动，突出活动的劳动性、整合性、探究性、创新性和反思性，推进了学校德育工作。学校被评为重庆市中小学德育示范校、重庆市文明单位，荣获合川区普通中小学德育优秀案例一等奖等，初步形成了“和正德育”体系。

第一节　“劳动+课程”活动让学生立德

立德，即建立好的道德和品格。2014年3月，《教育部关于全面深化课程改革落实立德树人根本任务的意见》强调，要在发挥各学科独特育人功能的基础上，充分发挥学科间综合育人功能，开展跨学科主题教育教学活动，将相关学科的教育内容有机整合；立德树人是发展中国特色社会主义教育事业的核心所在，是培养德智体美全面发展的社会主义建设者和接班人的本质要求。2022年10月，习近平总书记在党的二十大报告中指出，育人的根本在于立德。苏霍姆林斯基强调：“形象地说，道德是照亮全面发展的一切方面的光源，而同时它又是人的个性的一个个别的、特殊的方面。”可见，道德对照亮一个人人生的重要性。对中小学而言，课程是德育的主阵地，尤其是丰富多彩的活动课程，对学生具有吸引力。学校要重点通过活动课程让学生经历真实的活动过程，突出活动的劳动性、整合性、探究性、创造性和反思性，让学生获得真实的体验和感悟，从而帮助学生立德。

第一，在学科教学中，教师在传授学科知识的同时，要结合教学内容不时融入德育教育，通过小组讨论、班级辩论、案例分析、心得分享等教学方式，帮助学生树立正确的世界观、人生观和价值观，从而让学生立德。

第二，通过新生军训，让学生体验军旅生活，学习国防知识，学会整理内务，通过队列训练、手语操、战术训练、军训征文比赛、优秀作品展览等活动，培养学生的国防意识、规则意识、纪律意识、团队意识和不怕苦不怕累的品格。

第三，利用团校（团队）活动、国旗下讲话、主题班会等，让学生学习共青团的知识，参与活动策划，参加主题宣传，帮助学生树立理想信念，培养学生的核心素养。

第四，举行“感恩·责任·成长·梦想”十八岁成人礼等活动，培养学生的公民意识和社会责任感，通过学生与家长声泪俱下的真情互动，唤起学生对父母的养育之恩的感情，努力为自己的梦想奋斗。

成人礼仪式花絮

案例

行走的思政课

——徒步到红军将领周吉可故居研学

◆ 李金燕　孔金珍 ◆

一、活动地点：太和镇周吉可故居

二、活动时间：2023年9月13日

三、活动对象：高2025届学生200人

四、指导教师：李金燕、孔金珍

五、活动目标

1. 通过徒步前往、打扫故居、调查走访、举办展览等活动，锻炼学生的体力、毅力，增强学生的劳动意识和交往能力。

2. 通过分工策划、分享感悟、办研学手抄报等活动，培养学生善于反思、勇于探究的意识与核心素养。

3. 通过该活动，弘扬英烈精神，增强学生的爱国情怀和社会责任感，树立为中华民族伟大复兴而学习的志向。

六、活动过程

1. 查阅走访。学生以小组为单位，提前一周通过走访太和镇文化中心、进行互联网检索等方式，了解周吉可烈士所处的时代、家庭背景、革命故事等，并整理成文本。

出征仪式

2. 分工策划。各班学生进行活动策划、采购物资、实地探访、宣传报道等分工与准备工作。

3. 出征仪式。在运动中心举行出征仪式，按“介绍活动背景—介绍周吉可生平—年级分管领导动员讲话—学生代表表态—学生

齐呼誓词”五个环节进行。

4. 徒步前往。200名学生身着迷彩服，以两路纵队按指定路线徒步5公里，到达周吉可故居。行进途中，学生高举队旗、高呼誓词、齐唱军歌，充满朝气。

徒步前往周吉可故居

5. 缅怀活动。到达故居后，学生开展缅怀活动，向周吉可烈士献花、敬礼、宣读誓词，师生代表激情演讲，打扫烈士故居。

缅怀活动

6. 参观故居。学生分四个方阵，在讲解员的带领下，有序地参观故居，倾听有关周吉可的轶事，重读周吉可的绝笔家书，感悟烈士投身革命、“舍小家为大家”的革命精神。

参观故居

7. 总结反思。总结反思分为两个阶段。一是参观完故居后，每位学生写下感言，各班派代表进行交流分享。二是返校后，开展“周吉可烈士事迹及精神”手抄报展览等活动，弘扬革命精神，培养学生的爱国情怀和责任担当意识，激励学生为中华民族的伟大复兴努力学习。

学生留言

七、活动成效

1. 学生的研学心得、研学手抄报在校园展出。

2. 合川区融媒体中心以“全民国防教育月 | 国防教育进校园！合川这堂‘行走的思政课’厚植少年爱国情”为题进行了宣传报道。

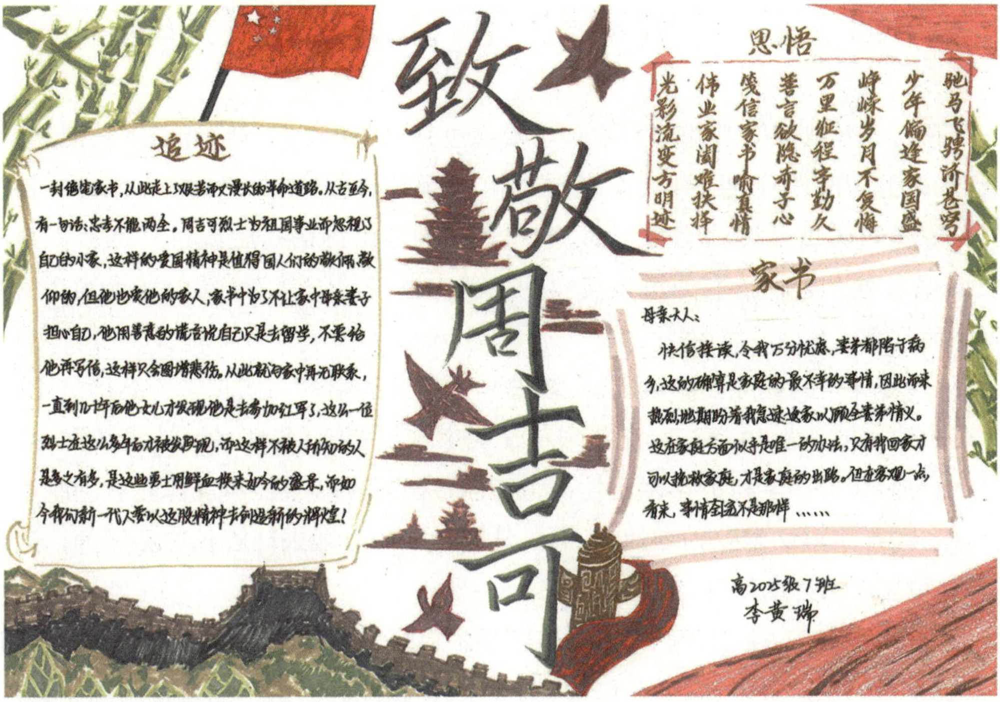

部分手抄报

案例简评

【劳动性】学生徒步5公里到周吉可故居，打扫故居、缅怀烈士、查阅并收集资料、调查走访、办研学手抄报等，体现了劳动性。

【整合性】活动整合了语文、政治、历史、劳动、体育、美术等学科知识，利用了校内外的多方资源，是一次跨学科的综合性爱国主义教育研学之旅。

【探究性】学生策划活动、研究烈士资料、办研学手抄报等，体现了探究性。

【创造性】学生办研学手抄报，在构图、编辑、美化等方面体现了创造性。

【反思性】通过书写留言、分享感悟等活动，培养了学生善于反思、勇于探究的意识与核心素养。

第二节 “劳动+生活”活动让学生习德

习德，即养成好的道德和习惯。学校通过开展“劳动+生活”综合实践活动，突出活动的劳动性、整合性、探究性、创造性和反思性，让学生在活动中不断培养自己良好的德行，养成良好的道德习惯，遵守道德规范。苏格拉底说过：“教育不是灌输，而是点燃火焰。”我们通过在真实的生活中进行品行教育，唤醒学生的品德意识，从而习德。

一是开展学习类综合实践活动，培养学生良好的学习习惯和学习品德。比如，开展班级“一对一助学”行动，让各学科学优生当小老师（备课、辅导、批改作业、评讲作业等），帮助该学科的学困生学习，提升班级学科成绩，在真实体验教师职业的过程中，让学生真切感受到老师的不易，从而发自内心地去理解和尊重老师。这是一种换位思考的行动教育，教育效果好。

二是让学生在生活上自主管理，培养学生良好的生活习惯和自律品格。比如，学校设立了卫生监督岗、文明礼仪岗、就餐监督岗等岗位，供学生进行岗位体验，引导学生在管理中学会自律，学会换位思考，支持、配合学校的管理工作，培养学生爱卫生、讲文明、守秩序、守纪律等习惯。

三是到社区开展学雷锋活动，如为老人义务表演，远足到烈士陵园打扫卫生和缅怀烈士等，培养学生的社会主义核心价值观和责任担当意识。

学雷锋活动花絮

案例

家庭三代人的生活变化探究

◆ 陈 琳 ◆

一、活动地点：家庭、学校

二、活动时间：2021 年 10 月

三、活动对象：高 2023 届学生 60 人

四、指导教师：陈琳

五、活动目标

1. 通过探究祖辈、父辈及学生自己三代人的生活变化，引导学生认识到我们今天的幸福生活来之不易。

2.通过查找和访谈的方式，搜集祖辈、父辈的生活资料，增强学生的社会实践体验和社交能力。

3.通过分析家庭三代人的生活变化，撰写研究报告，分享活动心得，培养学生的研究能力和综合素养。

六、活动过程

1.学生分组。学生自愿组合，12人为一组，各组自选组长。

2.分工策划。每组从祖辈、父辈、学生自己三代人的生活方式出发，按服饰、饮食、住宅、交通出行、文化教育这五个方面进行调查研究。各组通过图书馆、博物馆、网络、家庭等渠道搜集相关资料，包括文字、图片、实物、音像材料等。如采访祖辈、父辈生活的音像资料、老照片，各种票证(粮票、布票、油票)，不同时期使用的货币等。

3.合作探究。首先，各组汇总资料，按祖辈、父辈、学生自己这条线，分别从服饰、饮食、住宅、交通出行、文化教育这五个方面整理资料。然后，五个小组共享资料，每个小组分别负责研究服饰、饮食、住宅、交通出行、文化教育板块，撰写研究报告。

4.成果分享。五个小组在班上集中展示研究成果，并由各组代表分享活动的心得和感想。

七、活动成效

展示了家庭三代人生活变化的研究成果，分享了活动心得。

案例简评

【劳动性】学生查阅资料、调查访谈、撰写报告、组织召开成果分享会等，体现了劳动性。

【整合性】活动涉及语文、政治、历史、劳动、美术等学科知识，调动了学校、家庭、社会等力量，利用了校内外相关资源，体现了活动的整合性。

【探究性】学生想方设法查找家庭三代人生活变化的资料，分析资料、撰写研究报告，体现了探究性。

【创造性】学生借助搜集到的资料，创造性地构思并撰写研究报告，以图文、视频等形式呈现或分享，体现了创造性。

【反思性】学生回溯活动的全过程，撰写活动感想，分享活动的心得和花絮，体现了反思性。

第三节 “劳动+服务”活动让学生积德

积德，即积成好的道德和德行。诗人但丁说过，道德常常能弥补智慧的缺陷，智慧却永远填补不了道德的空白。可见，一个人的道德对其智慧的重要影响。

学校通过开展“劳动+服务”综合实践活动，突出活动的劳动性、整合性、探究性、创造性和反思性，让学生参加校内外的服务活动，在日常性的服务中不断行善积德，从而培养学生的责任担当意识和助人为乐的品格。比如，在班级服务、学校服务、社会服务和实践基地劳作的过程中，鼓励学生动脑思考，运用所学的知识进行大胆探索，创新服务工作和实践劳作的方式方法。这样，学生既体验了多种职业，又服务了学校、社会和自己，增强了自己的成就感和幸福感，有利于社会主义核心价值观的形成。又如，参加社区养老院服务活动，让学生亲自策划活动、精心组织活动、进行团队合作等，为老人们打扫卫生、陪老人们聊天、给老人们表演节目、撰写心得或作文等，培养学生爱老敬老的品格，提升其综合素养与能力。再如，在生活性服务实践过程中，教师指导学生进行研究性学习，以农村高中学生网购为研究课题，自编调查问卷、开展问卷调查、收集数据与分析、撰写研究报告，得出研究结论并提出网购建议，为学生理性网购提供参考。

学生到养老院服务花絮

案例

农村中学高中学生网购现状及建议

——以重庆市合川太和中学为例

◆ 课题组成员:游净淇　秦鑫　何颖琳 ◆

◆ 指导教师:陈开龙 ◆

摘　要:为了解农村中学高中学生网络购物的现状,我们从网购的经历、原因、频率和购物的网站、种类、观念、评价、通常一次性购物金额和维权意识等方面出发,自制问卷,对180名高中生进行调查,发现其网购存在一些问题,并从学生、家长、教师、社会、国家四个层面提出相应建议,这对高中生网购具有重要的理论价值和指导意义。

关键词:农村中学;高中学生;网购;调查分析

目前,网络购物很受人们青睐,中学生也加入其中。为了解农村中学高中生网络购物的现状,分析网购中存在的问题,进而提出相应建议,课题组以本校高中学生为研究对象,自制问卷进行调查研究。因本校是一所农村高完中,在农村高中中具有一定代表性,故研究得出的结论有普适性。本文便是我们开展问卷调查研究的成果。

一、调查概述

(一)调查对象

本校高中学生为调查对象。这次调查共向高中各年级发放问卷60份,总计180份,并在调查对象填完问卷后全部收回。其中,有效问卷150份(高一52份、高二47份、高三51份),问卷的有效率为83.3%。

(二)调查工具

自制调查问卷作为本次调查的工具。问卷由调查对象的基本信息(年级、性别、家庭经济状况、是否住校),以及13道单项选择题、2道简答题共15个问题组成。这些问题涉及网购经历、网购原因、网购频率、购物网站、通常一次性购物金额、购物种类、购物观念、购物评价、维权意识等内容。

(三)调查实施

以分层抽样的方式对180名高中生进行问卷调查。为保证样本的代表性、随机性，在每个年级抽取60人作为本次的调查对象。由于年级均有A、B、C三个层次班，于是在各年级每层次班中随机抽取1个班，最后从各年级所抽的3个班中，向每班随机发放20份问卷实施调查。

(四)数据处理

我们用人工统计和Excle统计相结合的方式，用表格对调查数据进行了汇总统计，然后将问题归类（网购经历、网购原因、网购频率、购物网站、通常一次性购物金额、购物种类、购物观念、购物评价、维权意识），最后用图、表对数据进行分析处理。

二、调查分析

(一)网购经历分析

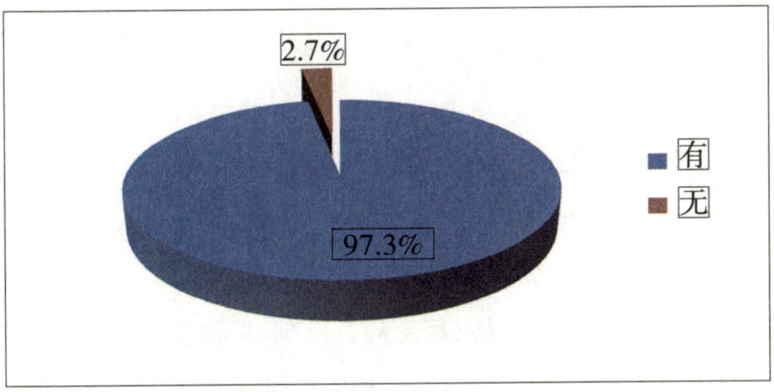

图3-1　农村中学高中生网购经历分析

图3-1显示，高达97.3%的高中生有网购经历，仅2.7%没有，这说明高中生网购已经普及，基本都会网购。

从年级看，高一、高二、高三学生会网购的，分别占相应年级调查人数的100%、100%、92.1%，低年级网购参与率最高。从性别看，高中男、女生网购的，分别占调查男、女生的96.6%、96.7%，比例相当，这表明网购与性别无关。从经济条件看，家庭经济好、一般、差的网购的，分别占相应调查人数的100%、95.9%、92.6%，呈递减趋势，说明高中生网购与家庭经济成正相关，家庭经济好则网购多。从住校情况看，高中住校生、走读生网购的，分别占相应调查人数的95.7%、96.4%，比例接近，说明高中生网购与是否住校无关。

（二）网购原因分析

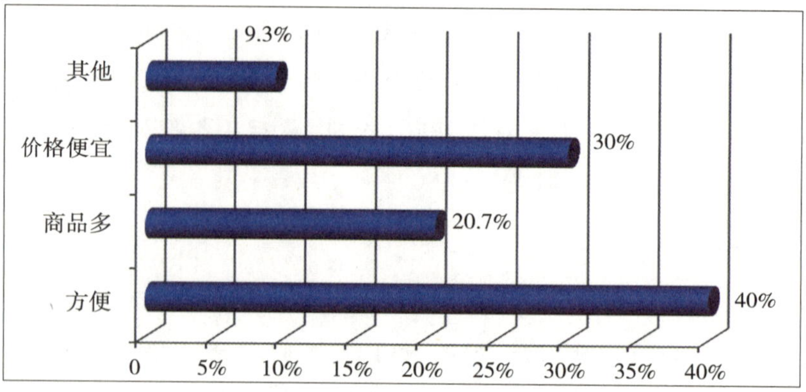

图3-2　农村中学高中生网购原因分析

图3-2显示，高中生选择网购的原因，回答方便的占40%、价格便宜的占30%、商品多的占20.7%、其他占9.3%，这表明网购便捷和价格便宜是高中生网购的重要原因，比例高达70%。

从年级看，高一、高二、高三学生回答价格便宜的，依次占相应年级调查人数的38.5%、29.8%、21.6%，呈递减趋势，这表明随着年级的升高看重商品价格的人数在减少，这说明年龄越大网购越趋于理性。从性别看，高中男、女生回答网购方便的，分别占调查男、女生的37.9%、30.4%，男生高了7.5%，说明男生比女生更看重网购的便捷性，这与男生相对不爱逛商店而女生喜欢逛商店有关。从经济情况看，家庭经济好、一般、差的调查对象回答价格便宜的，分别占相应调查人数的50%、26.4%、44.4%，说明网购价格较便宜的话，会对高中生有较大吸引力。从住校情况看，高中住校生、走读生回答网购方便的，分别占相应调查人数的44.7%、32.1%，住校生高了12.6%，差异较明显，这说明住校生选择网购的重要原因就是图方便，这与其平日在学校被封闭式管理而没时间外出逛商店有关。

（三）网购频率分析

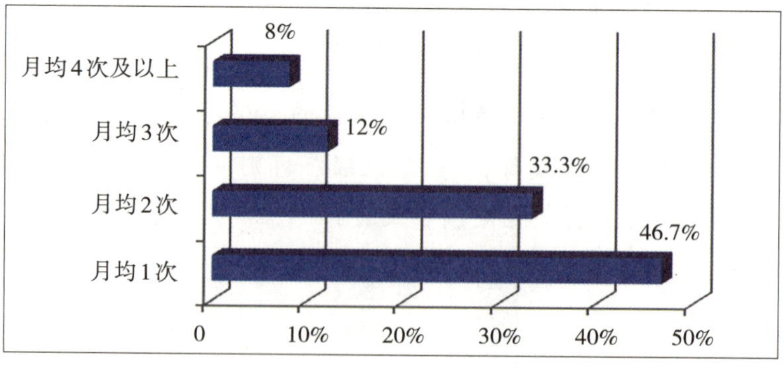

图3-3　农村中学高中生网购频率分析

图3-3显示，高中生月平均网购1次、2次、3次、4次的，分别占调查人数的46.7%、33.3%、12%、8%，说明大多数高中生月平均网购1～2次，网购还较合理。

从年级看，高一、高二、高三学生月平均网购3次的，分别占相应年级调查人数的17.3%、10.7%、7.9%，呈递减态势，低年级网购频率较高，这与低年级高中生学习压力相对较小、家长为其购物少和高三学生因面临升学的压力较大、家长为其购物多有很大关系。从性别看，高中男、女生月平均网购3次的，分别占调查男、女生的6.9%、15.2%，差异显著，这说明女生更喜欢网购。从经济情况看，家庭经济好、一般和差的调查对象月平均网购3次的，分别占相应调查人数的50%、11.6%、11.1%，说明网购与家庭经济呈正相关，经济情况好网购多。从住校情况看，高中住校生、走读生月平均网购4次及以上的，分别占相应调查人数的9.6%、5.4%，差异明显，这与走读生在家吃住家长代其购物多，而住校生生活在校全靠自理，平日自行购物多有关。

（四）网购商品类别分析

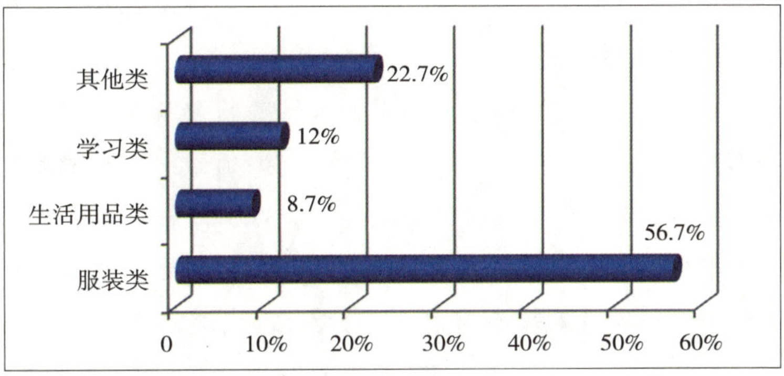

图3-4　农村中学高中生网购商品类别分析

图3-4显示，高中生网购服装类商品多，占了56.7%，其次是学习类占12.0%、生活用品类占8.7%。

从年级看，高一、高二、高三学生网购服装类商品的，分别占相应年级调查人数的65.4%、53.2%、51.0%，呈递减趋势，高一学生占比最高，高出高三学生14.4%，这与高一学生才进入高中需购置的衣物多有关。从性别看，高中男、女生网购服装类商品的，分别占调查男、女生人数的43.1%、64.1%，差异很明显，女生高于男生21%，表明女生更偏爱服装类商品，这与女生天生爱美、爱打扮直接相关。从经济情况看，家庭经济好、一般、差的网购服装类的，分别占相应调查人数的100%、56.2%、55.6%，这说明经济情况好的学生在穿着上的消费多些。从住校情况看，高中住校生、走读生网购服装类的，分别占相应调查人数的59.6%、51.8%，住校生网购服装类多，这与住校生在校能够自己支配生活和经济有很大关系。

(五)网购金额分析

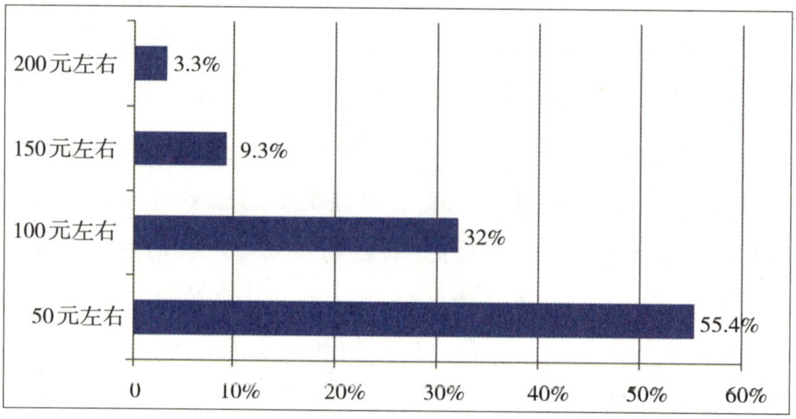

图3-5 农村中学高中生通常一次性网购金额分析

图3-5显示,高中生通常一次性网购的金额,在50元左右、100元左右、150元左右、200元左右的,分别占55.4%、32%、9.3%、3.3%,表明一次性购物金额一般在100元以内,这比较符合农村高中生的实际,消费较理性。

从年级看,高一、高二、高三学生通常一次性购物金额在50元左右的,分别占相应年级调查人数的63.5%、57.5%、45%,呈递减趋势;通常一次性购物金额在100元左右的,分别占相应年级调查人数的25.0%、34.0%、37.3%,呈递增趋势。这表明随着年级的升高,一次性购物金额在增加,这与高三学生家长给钱较多有关。从性别看,高中男、女生通常一次性购物金额在100元左右的,分别占调查男、女生的37.9%、28.3%,在150元左右的分别占调查男、女生的15.5%、5.4%,这说明男生的购物金额通常比女生高,这与女生相对较节约有关。从经济情况看,家庭经济较好和差的高中生通常一次性购物金额在100元左右的,分别占相应调查人数的36.7%、14.8%,这说明购物金额与经济条件正相关。从住校情况看,高中住校生、走读生通常一次性购物的金额在100元左右的,分别占相应调查人数的28.7%、37.5%,走读生金额高些,这与走读生购物通常是家长付费有较大关系。

(六)网购观念分析

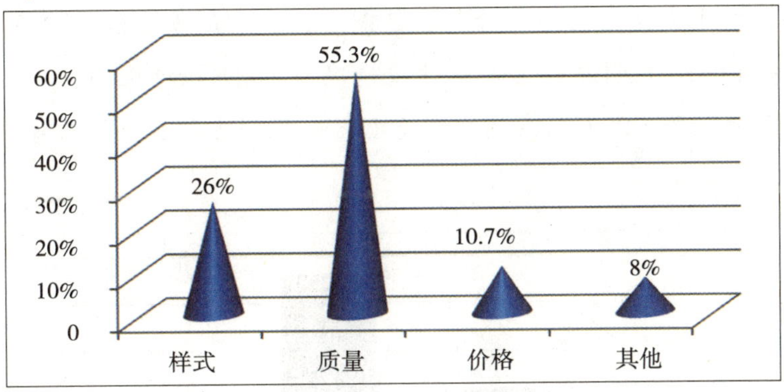

图 3-6 农村中学高中生网购观念分析

图 3-6 显示,高中生网购时,有 26% 的高中生最看重商品样式,55.3% 的高中生最看重商品质量,10.7% 的高中生最看重商品价格,这说明高中生网购商品的质量意识还不强。

商品打折时,7.4% 的高中生表示通常会立即买,53.3% 的高中生表示有时会立即购买,39.3% 的高中生不会立即买,这说明商品打折对高中生有较大诱惑力。在所购商品实用性方面,17.3% 的高中生认为所购商品实用,64.7% 认为较实用,说明高中生网购商品时注重商品的实用性还有待加强。从性别看,高中男、女生认为所买商品较实用的,分别占调查男、女生的 55.9%、85.9%,女生高了 30%,这说明女生购物更为理性,更注重商品实用性。从年级和住校情况看,没有差异。

(七)网购评价分析

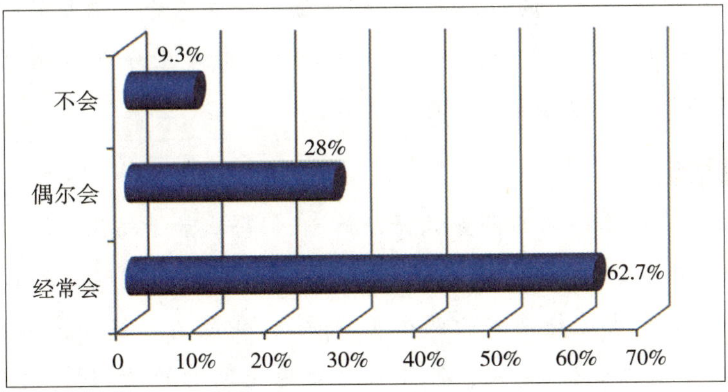

图 3-7 农村中学高中生网购评价分析

从选择购物网站来看,淘宝占 81.3%,其次是京东占 10.7%,其他占 8%。图 3-7 显示,高中生网购会进行评价的,有 62.7% 的表示经常会,28% 的偶尔会,不会的占 9.3%。

从年级看，高一、高二、高三学生经常会评价的占比分别是15.4%、29.8%、23.5%，说明高年级学生更注重网购评价。从性别看，高中男、女生经常评价商品的占比分别是17.6%、19.6%，无明显差异。从住校情况看，高中住校生、走读生经常评价所购商品的分别为18.1%、28.6%，走读生高出10.5%，说明走读生更喜欢评价网购商品。

（八）维权意识分析

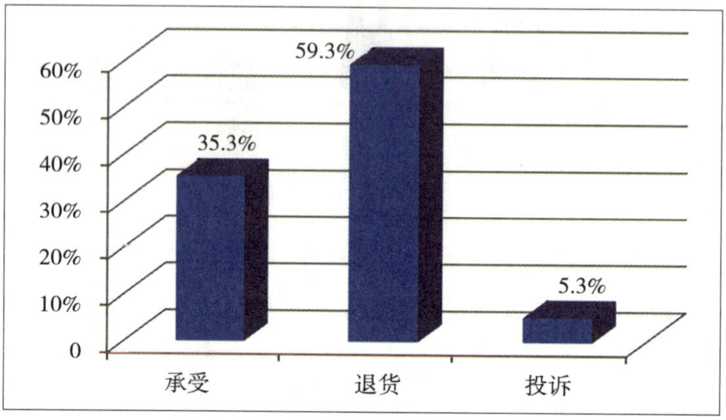

图3-8　农村中学高中生网购维权意识分析

高中生偶尔买到与商家宣传不符的商品占74.7%，经常的占12%，这说明商家在宣传上还存在一些夸大行为，诚信度还不高。

图3-8显示，高中生遇此情况，选择自己承受的占35.3%，要求退货的占59.3%，投诉的仅占5.3%，这说明高中生的消费维权意识还不够强。从性别看，选择投诉的高中男、女生分别占相应调查人数的6.9%、4.4%，说明男生的消费维权意识稍强。从经济情况看，家庭经济较差的投诉要多些，这与其经济不好所承受的心理压力较大有很大关系。从住校情况看，选择投诉的住校生、走读生分别占相应调查人数的7.4%、1.8%，说明住校生的消费维权意识稍强。

三、研究结论

通过前面对高中生网购的调查数据分析，我们得出如下结论。

（1）高中生基本都会网购，低年级参与率较高，网购与家庭经济正相关。（2）方便、价格便宜是高中生选择网购的两个重要原因，但随着年级升高，价格因素的影响逐渐减小。男生比女生、住校生比走读生更看重网购的便利性。（3）多数高中生月平均网购次数在1～2次，低年级学生和女生网购频率较高。（4）网购服装类商品多，高一学生、女生、住校生和经济好的学生购买服装类商品多些。（5）一次性购物的金额通常在100元以内，但随着年级升高，一次性购物金额逐渐增加；男生比女生、走读生比住校生的金额要高。（6）对商品的质量意识还不强，打折对其有较大的诱惑力。比较注重商品实用性，特别是女生。(7)选择淘宝的人最多，其次是京东。过半学生会货比三家。一半以上的人会经常网评，高年级和走读生网评较多。(8)商家宣传存在一定夸大行为。普遍消费维权意识不够强，但男生、住校生、经济差的学生维权意识稍强些。

四、思考与建议

(一)学生层面

应学会理财，尤其是住校生。要学会合理开支，通常情况下一次性购物的金额不宜过多，除非家长列入开销计划，否则会影响生活。学会理性购物，要货比三家，注重商品的经济性和适用性，注意节约，购买急需品，不攀比购物。建议适当减少服装类商品的购买，增加书籍等学习类商品的消费，开阔知识视野，以适应正在巨变的高考改革。多学习有关消费者权益方面的法规，以增强消费维权意识，提高消费维权能力。

(二)家长层面

结合家庭经济条件，教育学生合理网购，重点指导住校生有计划地开支，不搞穿戴攀比，着装大众化，要把心思和精力尽量用在学习上，争做一名合格乃至优秀的高中生。

(三)教师层面

加强学生的理财和购物教育，重点引导住校生合理消费，做到合理网购、理性网购，不能搞购物攀比、穿戴攀比。同时，要教育学生学习消费者权益保护法规，提高自觉维权的意识和能力，在必要时正确地运用。

(四)社会层面

营造良好的网购氛围，引导网民理性消费，公正客观地评价所购商品，对诚信商家要点赞鼓励，对不法商家要批评建议，以促进网购生态健康发展。

(五)国家层面

重点针对网络电商夸大宣传等不诚信行为，进一步出台可操作性更强、监督力度更大的一系列规章制度，严格规范商家经营行为。同时，要加大执法力度，做到举报有门、办理快捷、执法得力，切实保护网民合法权益，以推动网购可持续发展。

五、研究反思

通过这次研究，我们初步学到了调查研究的方法，能够自制问卷、收集调查数据与处理和撰写调查报告，也品尝到了调查研究过程的酸甜苦辣，体会到实事求是的科学态度，感受到了坚持不懈的科学精神。同时，我们也深感研究的不足。比如，调查对象的范围较窄，问卷编制得不够完备，数据处理较简单。这些问题，有待我们在以后的研究中进一步改进。

（原载重庆《教育与文化》2017年第1期）

第四节　“劳动+基地”活动让学生悟德

悟德，即领悟并形成好的道德和品格。苏霍姆林斯基指出：“只有通过有汗水、有老茧和有疲乏的劳动，人才具有用心灵去认识周围世界的能力。”这表明出力出汗有助于学生内心感悟而形成道德。

学校通过开展“劳动+基地”实践活动，突出活动的劳动性、整合性、探究性、创造性和反思性，让学生在真实的活动中有所触动、有所悟、有所获，有利于促进学生形成良好的品德。我们让学生在基地劳作中真正体验劳动而受到教育，从而弥补道德说教的不足，让学生悟德。比如，组织学生在校内“和耕苑”农场和校外的蔬菜、水果、缫丝厂等基地进行劳作，体验粮农、菜农、果农、缫丝工等职业，让学生在真实的劳作中有所体悟并涵养道德。又如，针对本地区福寿螺入侵的现象，教师指导学生开展调查与实验研究，一方面运用所学知识为农业生产提供想法，另一方面又培养了学生严谨求实的科学态度和探究精神，从而提升学生的综合素质与科学素养。

案例

小河村福寿螺入侵对生物多样性的影响

◆ 学生：徐焱梅 ◆

◆ 指导教师：李奇龙 ◆

一、提出问题

福寿螺原产于中美洲的热带和亚热带地区，喜欢生活在水质清澈的浅水环境中，主要以浮萍、蔬菜、瓜果等为食，适应性广、繁殖力强，是多种寄生虫的宿主，食用或加工不当容易对人体产生不良影响，中国已将福寿螺列为重大危害外来入侵物种之一。

目前，福寿螺在我国长江以南广泛分布，适应性强，某些地区甚至出现了泛滥成灾的现象。为了调查福寿螺对小河村本地生物多样性的影响，我们决定利用暑假时间进行调查探究。

二、调查时间和地点

（一）调查时间

2022年7月10日至2022年7月18日。

（二）调查地点

重庆市合川区太和镇小河村。

三、调查目的和方法

（一）调查目的

1. 了解福寿螺泛滥的原因。
2. 了解福寿螺对当地生物多样性和生态环境的影响。

（二）调查方法

文献调查法、实地调查法、访问调查法、抽样调查法。

四、调查过程及分析

（一）文献调查

在网络和书籍中查询信息，了解福寿螺的形态特征和生活习性。

（二）实地调查

为了探究福寿螺泛滥的原因，在小河村进行实地调查。

小河沟里的福寿螺

泥地里的福寿螺

水田里的福寿螺

旱地中的福寿螺

泥地里的福寿螺卵

水田里的福寿螺卵

我们认为福寿螺泛滥是因为其具有超强的适应性与繁殖力，于是我们选取了五种不同的环境（样本范围：3 m×1 m）观察福寿螺，分别是泥地（潮湿、肥沃）、小石缝（潮湿、阴凉）、臭水沟（肮脏）、旱地（干燥）、小溪（湿润）。我们对不同环境下的福寿螺进行了三次调查，通过分析比较，得出结论。调查数据如下。

表3-1　不同环境下福寿螺生存个数表（第一次调查）

地点	泥 地	小石缝	臭水沟	旱 地	小 溪
特征	潮湿、肥沃	潮湿、阴凉	肮脏	干燥	湿润
生存个数（个）	190	77	129	2	213

表3-2　不同环境下福寿螺生存个数表（第二次调查）

地点	泥地	小石缝	臭水沟	旱地	小溪
特征	潮湿、肥沃	潮湿、阴凉	肮脏	干燥	湿润
生存个数（个）	195	85	130	0	205

表3-3 不同环境下福寿螺生存个数表(第三次调查)

地点	泥地	小石缝	臭水沟	旱地	小溪
特征	潮湿、肥沃	潮湿、阴凉	肮脏	干燥	湿润
生存个数(个)	200	80	110	1	210

结论:通过对上述三次实际调查结果的数据分析,我们可以看出福寿螺对环境的适应能力特别强,大部分都生存在湿润潮湿的河流、泥地或湿地,很少生存在干旱或干燥地区。“水”是它们生存的重要前提,只要有“水”,即使条件恶劣它也能顽强生存。

现阶段(夏季)恰逢福寿螺产卵高峰期,我们可以在婆婆的水田里看见很多粉红色的东西,婆婆告诉我,这就是福寿螺的卵。我们发现这些卵有很多都聚在一起形成椭圆状,附着在水田里水稻的茎叶或莲的叶柄上。我们在第二次抽样调查点随机摘取了8个福寿螺卵团与8个田螺的卵团,通过比较福寿螺与田螺的卵粒数量来分析福寿螺泛滥的原因。

表3-4 第二次考察地点福寿螺卵团个数表

卵团	1	2	3	4
卵数(个)	203	509	486	877
卵团	5	6	7	8
卵数(个)	711	233	977	825

由表3-4可见福寿螺一次产卵量大约是200至1000个。

表3-5 第二次考察地点田螺卵团个数表

卵 团	1	2	3	4
卵数(个)	29	30	42	30
卵团	5	6	7	8
卵数(个)	41	31	48	33

由表3-5可见田螺一次产卵量大约是30至50个。

结论:福寿螺相比本土田螺,具有超强的繁殖能力。福寿螺泛滥的主要原因是它具有强大的适应能力与繁殖能力。童年时随处可见的本土田螺则已很难寻找,可见外来入侵生物对当地生物多样性的影响有多大。

(三)走访调查

我们走访了15户人家，一共50人，制作了调查问卷，回收问卷后将他们对福寿螺的看法数据统计如下：

表3-6　50人对福寿螺看法调查统计表

态度	人数	百分比
不喜欢	10	20%
非常讨厌	38	76%
没有感觉	2	4%
喜欢	0	0%

从表3-6的调查统计表可以看出，绝大部分人都讨厌福寿螺，那是为什么呢？

我们询问村里的父老乡亲，得知福寿螺大约在五年前出现在小河村。刚开始时，乡亲们见福寿螺比田螺大而肉多便试着食用，但食用后发现很多人都得了病，后面便不敢再吃，也不进行捕捞了。福寿螺便趁此迅速发展起来，人们后来才发现村里的田螺相应变少，而且河沟里的鱼、虾、鳅、鳝等水生生物等也变少了。福寿螺几乎什么都能吃，特别是庄稼和蔬菜叶苗，影响了收成。

据当地人讲，现在小河村河沟里的水是不能饮用的。奶奶说福寿螺在小河村兴起以前，河沟里的水是可以饮用的，福寿螺泛滥后人们发现，饮用河沟里的水后，轻则拉肚子，重则住院，检查后才得知多数人患上了肠胃病和寄生虫病……可怜那水里的鱼虾蟹们，人们总能看见它们的尸体。

我们根据访问村民、寻求老师的帮助及在网上查阅资料等方式，明白了福寿螺会污染水源、破坏水生环境，让本地生物丧失栖息地，致使生物种类锐减，而生物多样性遭到破坏，将对当地生态造成灭顶之灾。

五、调查结论

(一)福寿螺对人类的影响

作为外来入侵物种福寿螺，拥有环境适应性强、繁殖力强和成活率高的特点。据相关资料，一只福寿螺的体内有3000至6000条寄生虫，这对生物的多样性发展和环境构成了严重危害。福寿螺会传播寄生虫，如果人们食用了没有熟透了的福寿螺，寄生虫就会进入人体，危害人的身体健康，严重的话还会导致死亡。

（二）福寿螺对本地水生生物的影响

受其影响最大的当属本地田螺。福寿螺食性杂、食量大，繁殖力远不如它的田螺争夺不过生存空间和食物，数量就会大幅下降。而田螺作为生态系统中食物链的一环，上影响其捕食者，下影响其取食者，最终影响人类的生存。例如以田螺为食的小鱼、小虾、蟹等会被饿死，以小鱼为食的大鱼被饿死……层层推递，最终危害人类本身。同时福寿螺超强的适应性、生存力、繁殖力会与河沟里的鱼、虾、蟹、鳝、鳅等竞争食物与生存空间，对本地水生生物都将造成毁灭性的打击。

（三）福寿螺对本地生态环境及农业生产的影响

福寿螺本身是寄生虫的载体，会污染水源，人类喝污染过的水源尚且如此，河里的水生生物生存起来岂不是更加困难？单据在小河村的统计，现鱼虾苗养殖的成活率大约只有65%，而在福寿螺没有进入小河村之前，鱼虾苗养殖的成活率大约有76%。

福寿螺给人类经济带来严重损害，对人类生命安全带来威胁，且引起食物链多方不稳定，以致生物种类减少，限制和损害了生物多样性发展。如果继续放任下去，人类实现“生态文明”和“为所有生命构建共同的未来”或将成为空想。

六、建议及措施

（一）生物防治

寻求一种既不污染环境又能消灭福寿螺的最好办法就是“天敌压制”，可以选择以福寿螺为食又对人类有益的鸭子或中华鳖放养于稻田等地，不仅能够消灭福寿螺，又能发展生态农业中的养殖业。

（二）人工杀螺

1. 人工拾螺。福寿螺的活动期和繁殖期一般在黄昏时进行，此时福寿螺多易于抓捕，灭螺效果最好。

2. 人工灭卵，控制数量。将福寿螺用石块压碎，或投入水中，螃蟹与小鱼会将其吃掉。

（三）诱捕杀卵

福寿螺的产卵高峰期在每年的5～6月和8～10月左右，可以在此期间在水池中插入木条，引诱福寿螺产卵后3～5天清除一次。

(四)加工作饲

福寿螺的肉、壳都是很好的蛋白质,可以作为饲料喂养牲畜等。可以有偿向村民收购福寿螺,这既能提高村民灭螺的积极性,又能提高当地农民的收入。但要注意,一定要将福寿螺弄熟后再加工,才能有效消灭其体内的寄生虫。

(五)提高防范意识

加强福寿螺危害性的宣传教育工作,切勿盲目引进与放生。积极响应政府号召,为维护本地生物生态平衡、保护生物多样性做出贡献!

七、感悟与反思

福寿螺作为外来入侵物种,破坏环境、影响本地生物多样性和生态系统。不仅仅是福寿螺,大多外来入侵生物都具有超强的环境适应能力与繁衍能力,都会破坏本地生物多样性,造成生物种类减少甚至是灭绝,对人类乃至地球上的其他生命都是一种危害!

如今我国的外来入侵物种问题越来越严重,我们认为外来入侵物种的发展都有一个共同因素——人类的盲目无知与无措。以福寿螺为例,它于1981年被引进中国,后来因“口味不佳”或“传播疾病”被弃养,农户任其“溜走”;还有部分“爱心人士”将一些动物进行放生,难免会因无知而放生外来入侵物种。

而我们应该做的,就是要通过宣传教育来提高人们对外来入侵物种的认识,拒绝与消除这种盲目,防止外来入侵物种入侵,维护生态文明。近年来自然灾害频发,人类已经从世界各地频发的自然灾害中感受到了大自然对人类的教训。我们只有一个地球,地球上的所有生物都是生命共同体的一部分,我们要学会尊重与敬畏大自然,保护环境与生物多样性,为地球上所有生命的共同未来而努力!

参考文献:

[1]陈晓娟,高平,何忠全,等.外来入侵生物福寿螺的防控及利用研究[J].西南农业学报,2011,(6):2424-2428.

[2]张春霞,郭靖,章家恩,等.外来入侵生物福寿螺与本地生物的互作影响研究进展[J].生态科学,2017,(4):226-235.

第五节 “劳动+创造”活动让学生升德

升德，即升华德育教育。苏霍姆林斯基说：“人是一个不可分割的整体（道德的、智力的、情感的、审美的、创造的）。”教师应引导学生在活动中不断创新、创造，突出活动的劳动性、整合性、探究性、创造性和反思性，提升德育的效果。

比如，在班主任节之“感恩班主任”主题板报评比活动中，各班学生团结协作、精心策划，充分展示自己班主任的风采，这相当于换了一个角度来读懂自己的班主任，理解班主任的工作，从而升华德育教育。又如，引导学生关心留守同学，通过编制调查问卷、调查留守同学、撰写调查报告等，增强了学生的关爱意识，提升了学生的科学素养。再如，在太和镇黄桃基地实践体验活动过程中，教师指导学生通过访问果农、查阅黄桃资料等调查与研学活动，探究太和黄桃生产对所在亭子村的经济和环境的影响，撰写了以下研究成果，对该村发展黄桃经济同时又实现可持续发展提供建议。

案例

太和黄桃对亭子村经济及环境的影响

◆ 学生：吴佳映 ◆

◆ 指导教师：李奇龙 ◆

一、提出问题

我爱黄桃，每年三月桃花节，我都要和家人去欣赏桃花盛开的艳丽景象。每年夏天是黄桃成熟的季节，家里都会买许多黄桃来尝鲜。我的家人都很喜欢黄桃，不仅仅是因为它果大肉厚、香甜可口，还因为它含有大量的维生素及膳食纤维。现在黄桃已成为合川区生态农业与乡村振兴的一面旗帜，受到越来越多的人的喜爱。为了深入了解黄桃对当地经济及环境的影响，我利用暑假来到黄桃基地——亭子村，对黄桃展开调查。

二、调查目的

1. 认识黄桃的形态特征。

2. 了解黄桃产业对当地经济的影响。

3. 调查黄桃产业链及黄桃产品深加工的价值。

4. 分析生态农业与乡村旅游之间的关系。

三、调查时间、地点与方法

1. 调查时间：2022年3月12日至8月6日。

2. 调查地点：合川区太和镇亭子村。

3. 调查方法：实地观察法、资料搜集与分析法、调查访问法。

四、调查内容与分析

（一）了解黄桃的形态特征

黄桃是双子叶植物纲、蔷薇目、蔷薇科、桃属、桃种的一种落叶小乔木，树高多为3～5米，树皮粗糙，呈灰褐色。叶呈倒卵状披针形，长约5～10厘米，其边缘有细锯齿。花期在3～4月，先于叶开放，萼片呈卵形至长圆形，花瓣多为5片，呈深粉色、浅粉色两种颜色。雌蕊柱头与雄蕊花药皆为绯红色，花药释放花粉，雌蕊中的卵细胞与花粉中的精子完成受精后，子房就会发育成为果实。果实成熟期一般在6～7月，果皮黄中带浅红，覆有一层一毫米左右的绒毛。削掉果皮后，露出的果肉呈现出晶莹的黄色，口感软中带硬，味道甜中带酸。

太和黄桃

(二)黄桃种植对当地农业产业的影响

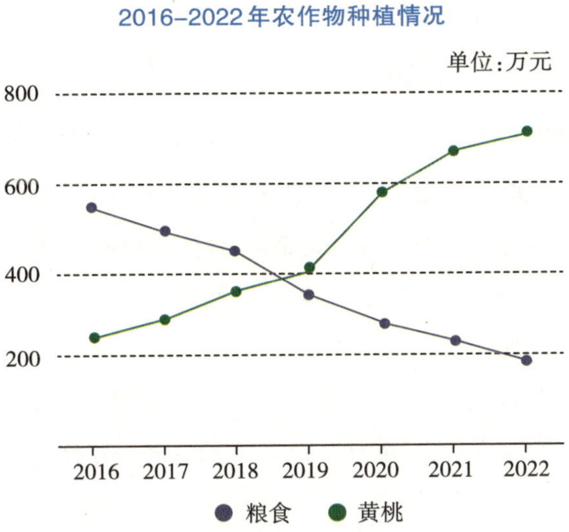

数据来源:实地考察+估算

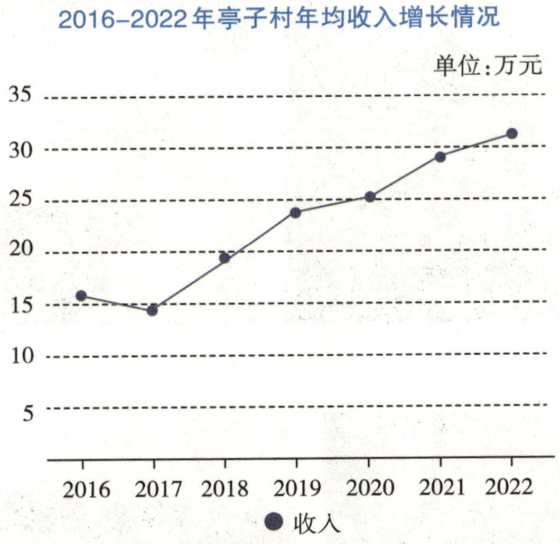

数据来源:实地考察+估算

由上图可知,近几年来亭子村的经济重心由粮食种植转移到黄桃种植上来。从2016年来看,亭子村主要还是以粮食作物种植为主,且年均收入不高。而2017年,国家大力推广了"三变"(资源变资产、资金变股金、农民变股东)改革,促进了地方特色产业的蓬勃发展,其中就包括太和黄桃。在国家政策的扶持与地方政府农业部门的技术指导下,太和黄桃得到了很大的发展。这不仅带动了地方经济的发展,增加了果农的收入,还带动了众多相关产业的发展,对乡村振兴起到了引领作用。亭子村土壤含钾丰富,水资源充足。政府充分利用了当地的环境与资源优势,因地制宜发展以黄桃为主的生态农业,使得黄桃产业走上了跨越式发展的快车道。越来越多的合川人都喜欢上了太和的黄桃，亭子村黄桃产业成了乡村振兴的重头戏，成了合川生态农业发展的一面旗帜。

（三）黄桃产业链及黄桃产品深加工

1. 黄桃与乡村旅游

每年三月，为了帮助农民增收，合川区太和镇依托当地的黄桃产业链，举办桃花节。千亩桃花竞相开放，令人目不暇接，每年都会吸引数万名游客慕名前来观赏桃花、品桃花酒。在桃花节上，人们还会在当地摆摊售卖地方特色产品和美食，带动了当地餐饮业及其他相关产业的快速发展，增加了人们的收入，每年的旅游收入可达600万元以上。太和镇通过举办三月桃花节观赏桃花、七月组织采果节采摘黄桃等活动，直接拉动了当地乡村旅游和餐饮产业的发展，同时也带动了太和其他特色农产品的销售。

三月盛开的桃花

三月桃花节与乡村旅游

七月黄桃采摘季与乡村旅游

2. 黄桃果实的鲜销与加工

(1)鲜食:在七月中旬的时候,大部分黄桃都已经成熟了。这时候许多农民就会将其采摘并带到镇上或在公路边上售卖。黄桃香甜可口、生津止渴,它富含膳食纤维,可以促进消化、防治便秘,它所含有的多种维生素还能改善肤质、养眼明目。不同年龄段的人都对它喜爱有加。黄桃性温,虽然口感鲜美,但也不宜多吃,若是多吃的话容易上火;糖尿病患者则是不能吃的,黄桃里含有大量糖分,食用后容易使得血糖升高,导致病情加重。所以一定要根据个人体质再确定是否食用黄桃。如果鲜食的话,需尽快食用,否则容易变质。

全国名特优新农产品

证书

重庆市合川区农业农村委员会:

你单位申报的太和黄桃已被全国名特优新农产品名录收集登录。

特颁此证。

2019年12月17日

编号:CAQS-MTYX-20190373

(此证2020年12月16日后需与年度确认文件同时使用)

太和黄桃果肉及名特优新农产品认证

(2)深加工:食用黄桃的时候,我们经常可以发现靠近果核部分的果肉有点发红,这并不是坏掉了,而是因为过度成熟。黄桃成熟一般都是从中间开始成熟的,所以这样就会使得靠近果核的果肉部分出现发红的现象。由于黄桃果肉厚、水分多、糖分足,本身就难以储存,若是储存不当就极易腐败变质,给果农带来损失。太和镇通过各种渠道,积极引进黄桃深加工技术,对太和黄桃进行深加工,既保护了果农的种植信心与经济收入,又提高了黄桃的附加价值,对太和黄桃的种植起到了进一步的推动作用。黄桃最常见的深加工方式就是制成黄桃罐头、黄桃干、黄桃果脯、黄桃汁等，这样不仅可以解决产销矛盾，还能提高其本身的附加价值，使黄桃销售方式多样化，增加果农的经济收入。

五、调查结论

种植黄桃后，昔日的荒山和闲置土地变成了桃园盛景，原本杂草丛生、干旱贫瘠的山坡变得鸟语花香、富庶丰饶。桃花开时，当地举办的桃花节使得当地经济得到飞速发展。每到夏日，黄桃果实与桃胶销售也给当地居民带来了一笔可观的收入。据了解，太和镇有着多年种植黄桃的历史，在当地政府与果农的努力下，太和黄桃获得农产品地理标志登记保护。

虽然种植桃树给地方经济带来不小的效益，但是桃花节所带来的一些问题也不容忽视。由于个别游客的不文明行为，我们常在草坪上或果园里看见许多塑料垃圾袋和塑料瓶。这些塑料制品为不能自动降解的有毒塑料制品，其浸液会污染附近的土壤和河流，阻碍植物的生长，危害人类与动植物的健康，破坏当地生态平衡。此外，为了减少黄桃的病虫危害，当地居民会采用大量喷洒农药的方式来防治病虫危害。虽然农药杀灭了有害生物，但对害虫的天敌及一些有益动物也会产生一定的抑制作用与伤害。所以我们应该约束果农这种片面追求经济利益的短视行为，加强对果农的科普教育，减少农药的使用量，尽量使用高效、低毒、无残留的新型农药，控制好农药用量，禁止在采果期使用农药，加强对游客的教育与管理，增强人们的环保意识，把人类对生态环境的危害降到最低。

六、建议与措施

（一）控制农药使用

加强对农药使用的监管，提倡和推广使用高效、低毒、无残留农药，严格按照科学标准使用农药，不任意提高农药使用量与使用次数，严禁在采果期使用农药，增强人们的环保意识。

（二）加强对游客的教育和引导

加强对游客的教育引导，大力开展志愿者活动，劝阻游客不文明的游览行为，共同维护当地生态旅游的发展。

（三）鲜销与深加工结合，优化黄桃销售市场

在实际调查时发现，黄桃的销售并不特别如意，并不是因为果品质量，而是因为每年黄桃成熟时，大多数果农都将其摆在公路边售卖，而公路边上人流量较少，亭

子村又地处农村远离集市，使得黄桃销量不佳，在黄桃集中上市时易造成滞销。政府可以为果农提供销售平台，比如进行简单包装后在镇上市场的摊位或超市进行贩卖，加强农村电商平台、网店等建设。这样可以让更多的人了解太和黄桃，提高黄桃的销售量。

七、感悟与反思

太和黄桃使当地经济与环境得以改善，发挥了荒山与闲置土地的用处，提高了果农的经济收入，保护了当地的生态系统。我们应大力发展黄桃产业，当地政府也应该关注黄桃产业的发展，希望在我们共同的努力下，可以使太和黄桃产业对太和经济的拉动作用更加明显，达到政府增税、农民增收的目标。

人类在生产活动中也应该规范自己的行为，保护生态系统的多样性，做到与其他生物和谐共处。地球是我们人类与自然界所有生物共同的家园。在发展家乡黄桃产业的同时，我们也应该注意保护生态环境，加强保护生物多样性与外来入侵物种危害的宣传教育工作，努力将人类生产活动对环境的负面影响降到最低。做到不乱扔垃圾、不过多施用农药，不过度开荒，不捕捉野生动物与采挖野生植物，低碳生活、绿色出行。让我们与自然界的所有生物一起和谐共生，为地球上的所有生命创造美好未来。

第四章
“劳动+”型综合实践活动与智育

2017年9月，教育部印发的《纲要》提出，高中综合实践活动的4个具体目标为价值体认、责任担当、问题解决、创意物化。其中，后两个目标就与学生的智育和创新创造等相关。

苏霍姆林斯基强调，“通过爱劳动促进学生智力发展”。陶行知先生指出：“行是知之始，知是行之成。”可见，学生劳动对智育发展的重要性。“劳动+”型综合实践活动与智育有机融合，强调“教学做合一”，通过开展智育类实践活动，拓展智育教育，让学生获取更多的“亲知”，培养学生的学科核心素养。

近年来，学校将“劳动+”型综合实践活动与智育有机融合，拓展了智育教育，提高了办学质量。学校获得了重庆市智慧校园建设示范学校、市普通高中校本教研基地、市普通高中综合实践活动课程创新基地、合川区“行知品质课堂”教学改革示范学校、区基础教育品质提升工程先进集体等荣誉称号，初步形成了“和达课程”体系。

第一节　“劳动+课程”活动让学生睿智

学校通过开展“劳动+课程”实践活动，突出活动的劳动性、整合性、探究性、创造性和反思性，让学生在活动中提升认知、增长智慧，让学生更加睿智。比如，学生通过学习市级普通高中精品选修课“奇妙的对联”课程，在感受中华优秀传统文化、增强文化自信、感受文化魅力的同时，学到了丰富的对联知识，并将亲手创作的作品在学校进行了合理利用，营造了良好的校园文化氛围。

案例

对联的创作与应用

◆ 左学厚 ◆

一、活动地点：对联教室

二、活动时间：社团活动时间

三、活动对象：对联社团学生

四、指导教师：左学厚

五、活动目标

1. 通过对联创作，培养学生的语言应用能力、鉴赏能力和探究能力，感受中华优秀传统文化，增强文化自信。

2. 通过赏析对联，培养学生会阅读、会表达、会审美、会鉴赏的能力。

3. 通过创作对联，培养学生的对联应用意识、团队意识和合作策划能力。

六、活动过程

1. 组建班委。学生推选班长、学习委员、纪律委员和清洁委员。班长主要负责考勤，学习委员主要负责收集对联作品，纪律委员主要负责上课纪律，清洁委员负责教室清洁卫生。

2. 划分小组。为方便学生课堂交流，每4名同学为一组，各组自选组长。上课时，小组同学面对面坐着，共用一面800×800 mm的对联创作白板。

3. 打磨对联。课堂上，教师先展示对联范例，讲解对联的平仄知识和韵律，然后出句，让学生撰写对句；或由学生自主创作，教师巡视指导。学生创作完成后，先在组内进行交流探究，再由小组派代表向全班展示，教师不时进行点评。之后，学生再交流、打磨，定稿后，各小组工整誊写在专用纸上，交给学习委员，完成课堂任务。

对联教学场景

4. 应用对联。这几年来，学校收集学生的自创优秀对联已达1000余副，汇编成《奇妙的对联》一书，已正式出版。学校的和文楼、和雅楼、和真楼、和竞楼、和容楼等楼宇，以及和谨苑、和正苑、和妍苑等宿舍大门，均用对联装饰。学校还建造了

“和雅廊”对联文化长廊、对联展示墙和展览室，供师生和来宾参观，营造了浓厚的对联文化氛围。

校园展示

5. 总结反思。每学期末，学生撰写对联创作心得，全班召开对联创作总结会，分小组以PPT或视频的形式向全班汇报，教师向学期对联创作先进个人颁发奖状。

七、活动成效

1. 学生的优秀作品在校刊《今日太中》、区级刊物《合川教育》上发表，同时也有作品在《重庆教育》《科学咨询》《师资建设》等刊物上发表，还出版了《奇妙的对联》一书，在社会上产生了一定影响。

2.《重庆日报》《重庆政协报》《德育报》和华龙网等媒体进行了宣传报道，左学厚老师被中国楹联学会评为全国楹联教育先进工作者，学校被重庆市楹联学会授予重庆市楹联教育基地称号。

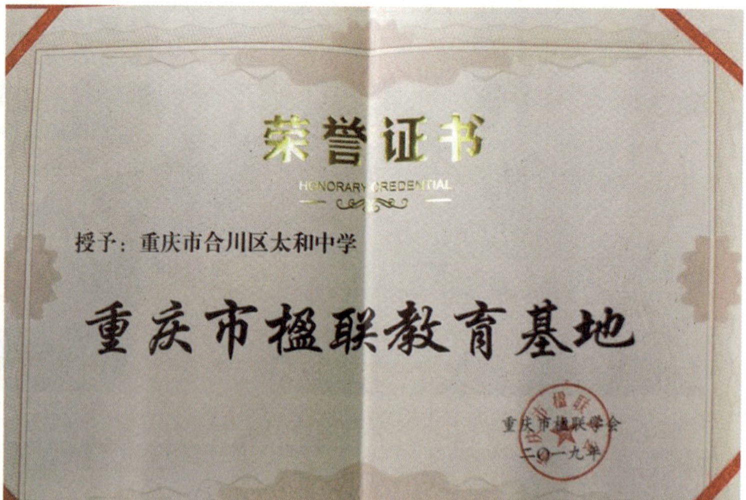

重庆市楹联教育基地荣誉证书

3. 左学厚老师“奇妙的对联”选修课被重庆市教委评为市普通高中精品选修课程，并以良好等级结项。

重庆市普通高中精品选修课程结项证书

案例简评

该实践案例，体现了“劳动+”型综合实践活动的五个特征。

【劳动性】学生创作前查阅资料，观摩校园楼栋、楼道、宿舍大门的对联，制作总结汇报PPT或视频等，体现了劳动性。

【整合性】对联创作融合了平仄、音韵、对仗、语法等知识与对联文化知识；综合培养了学生的概括能力、思维能力、鉴赏能力，发挥了对联社团学生的集体智慧。

【探究性】在独立创作、小组研讨、班级展示过程中，凸显了学生的合作探究性。

【创造性】在对联创作过程中，处处彰显了学生运用语言艺术的魅力和创造性；在小组进行总结汇报的过程中，制作PPT或视频体现了学生的创造性。

【反思性】学生进行个人创作反思，撰写活动心得；小组进行集体总结反思，制作汇报PPT或视频，在全班进行总结。

第二节 “劳动+生活”活动让学生增智

学校通过开展“劳动+生活”实践活动，突出活动的劳动性、整合性、探究性、创造性和反思性，让学生从真实的生活出发开展研究性学习等，让学生在研究性学习中更好地生活，在生活中不断地进行研究性学习，从而增长学生的知识和智慧。比如，学生探究生物多样性的研究成果“蒲公英，在未来还能见到你吗？”获得重庆市青少年生物多样性探究大赛特等奖。再如，引导学生开展对留守同学的调查研究，为学校研究制订留守学生的日常生活管理提供数据支撑，从而能够更好地为学生营造良好的环境。

案例

农村高中留守学生现状调查研究

——以重庆市合川太和中学为例

◆ 高2023届4班 张湘颖 熊稣琳 ◆

◆ 指导教师 陈开龙 ◆

摘 要：为了解农村高中留守学生（以下简称留守生）的生活和学习等状况，课题组在老师的指导下自编问卷开展了调查研究。通过对农村高中留守学生调查数据的定量与定性分析，发现其存在的普遍性问题，从而有针对性地提出对策与建议，为学校、家长等管理留守学生提供参考。

关键词：农村高中；留守学生；调查研究；对策；建议

目前，农村学生家长外出务工等情况较普遍，导致农村中学留守学生增多。我校是一所农村完全中学，在校高中生约2500人。为弄清农村高中留守学生的比例有多大，其生活状况、性格倾向、学业成绩、身心健康等具体情况，我们两位同学成立课题组，邀请陈开龙老师指导我们开展了调查研究。希望通过对本校留守生的调查数据分析，去发现留守生存在的普遍性问题，从而有针对性地提出解决这些问题的对策和建议，为学校、家长管理好留守生提供参考。我校在重庆市农村中学中有一定的代表性，故本研究得到的结论有一定的普适性。

一、调查设计

1. 调查对象

以本校高中学生为调查研究对象。参与本次调查的学生共计680人。

2. 调查工具

以自编调查问卷作为调查工具。首先,我们在网上查阅了留守生的相关资料,同时与一些同学交谈,收集留守生的相关情况。然后,在陈老师指导下编制调查问卷。问卷围绕是否留守、性别、性格倾向、对"留守生"称谓的看法、班上成绩、与父母相处情况、父母最关注哪方面的表现、爱向谁倾诉、学习抗压能力、对自己生活满意情况和升学规划等方面,编制了11个单项选择题,每题设置了2~4个不等的选项。在问卷最后,设置了一道"你认为父母陪伴对自己的生活和学习有何影响?(回答关键词)"的简答题。

3. 调查实施

2020年秋季学期,我们在陈老师的指导下,在年级组长、班主任和信息技术老师的支持与技术指导下,展开在线调查,请同学在读报课时用手机完成问卷。

4. 数据处理

我们导出调查中的原始数据,在陈老师的指导下,主要利用Excel进行数据分析,生成了相关数据图表,为我们撰写调查研究报告做准备。

二、调查数据分析

1. 留守生占比分析

调查数据显示,本次被调查的680名同学中,留守生有342人,占调查总人数的50.3%。这说明过半农村高中生处于留守状态。从性别看,留守生中男女生各占47.6%、52.4%,女生高于男生4.8%;非留守生中女生占比最多,为非留守人数的77.4%。这说明目前无论是留守生还是非留守生,农村高中女生人数居多。

2. 从性格倾向分析

从"你的性格倾向"看,回答"较开朗""偏内向"的留守生分别为70.5%、29.5%,非留守生依次为75.9%、24.1%(这里的百分数,均指各占留守生、非留守生总人数的百分比,下同)。图4-1显示二者存在差异:留守生中性格开朗者的比例要比非留守生低5.4%,而性格偏内向者比例又比非留守生高5.4%。这说明留守生在留守的生活过程中，其性格受到了一定影响，活泼开朗者相对较少，这不利于留守生健全人格的形成。

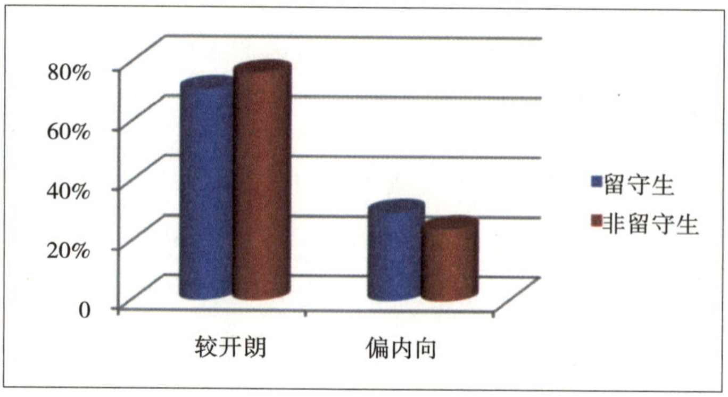

图 4-1　性格倾向情况

从对“留守生”称谓的看法来，回答“认可”“不认可”“无所谓”的，留守生分别为13.9%、85.2%、0.82%，非留守生依次为28.2%、71.5%、0.32%。该组数据显示，二者存在显著差异：留守生的认可率低了非留守生14.3%，而不认可率又高了非留守生13.7%。这充分表明留守生不大认可“留守学生”这一称谓，这可能是留守生认为该称谓有被歧视感的原因。

3. 从学业状况分析

从“你在班上的成绩”看，回答“中偏上”“中等”“中偏下”的，留守生分别为30.7%、37.2%、32.1%，非留守生依次为28.7%、45.5%、25.8%。图4-2显示留守生的学业成绩总体不如非留守生。这表明留守生在学习上相对处于不利的状态，这可能与其长期缺乏家长对其学业的具体监督有关。

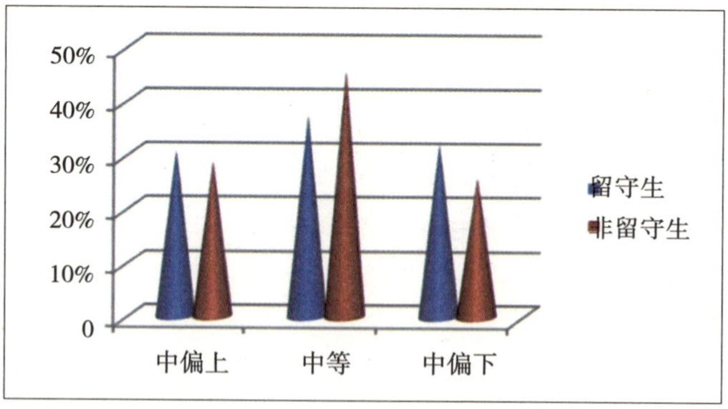

图 4-2　在班上的学习情况

从“你在学习上的抗压能力”看，回答学习抗压能力“较强”“一般”“较弱”的，留守生依次为32.3%、60.6%、7.1%，非留守生分别为34.2%、58.4%、7.4%。该组数据显示，二者无明显差异。

4.从与父母交往情况分析

从“你与父母的相处”看，回答“很开心”“开心”“不开心”的，留守生依次为21.7%、37.7%、10.6%，非留守生分别为35.8%、57.1%、7.1%。图4-3显示二者差异特别明显：留守生“很开心”“开心”的比例分别比非留守生低了14.1%、19.4%。这表明留守生与父母因见面少和交流少，感情变得疏远，这不利于家长进行教育，会影响留守生的心理健康。

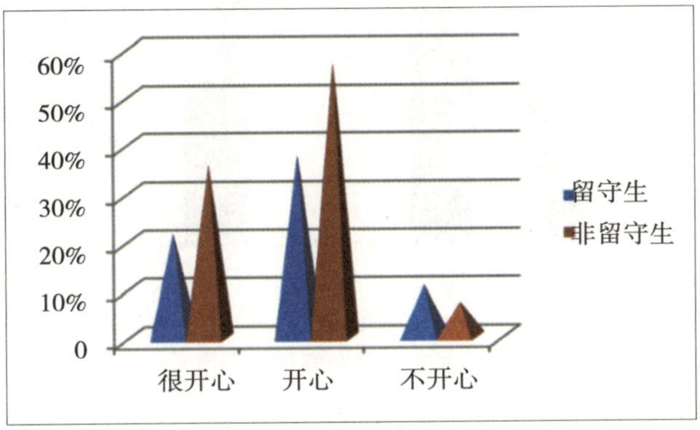

图4-3 与父母相处状况

从“父母最关注你哪方面的表现”看，回答“学习”“生活”“心理健康”的，留守生依次为54.6%、40.5%、4.9%，非留守生的比例分别为43.9%、45.8%、10.3%。图4-4显示二者有差异：留守生父母最爱关注子女的学习，其比例高于非留守生10.7%，而在关心子女的心理健康方面，其比例又比非留守生少了5.3%。这表明留守生家长最关注子女学习，相对较忽视子女的生活情况和心理健康。

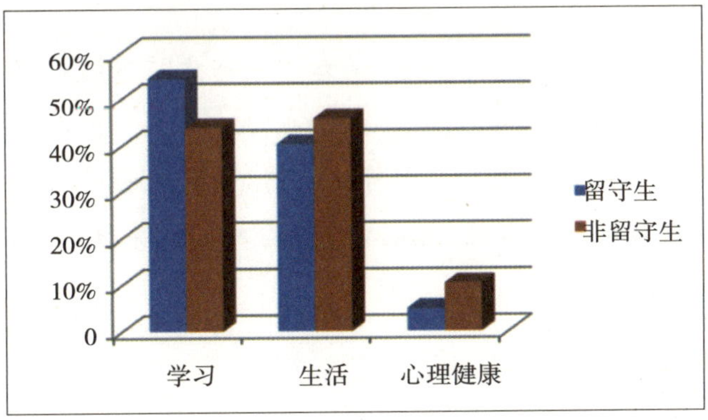

图4-4 父母最关注子女方面

从“有心事你爱向谁倾诉”看，回答“父母”“同学”“老师”“不倾诉”的，留守生分别为13.0%、45.4%、0.54%、41.0%，非留守生依次为24.8%、46.8%、0.97%、27.4%。图4-5显示二者有明显差异：留守生爱向父母倾诉的比例低了非留守生11.8%，而不倾诉的比例又高了非留守生13.6%。这充分说明留守生面对父母时相对封闭，遇心事时不太愿意同父母和老师交流，而比较愿意和同学交流。出现这种局面，可能与留守生同父母的关系相对较疏远有关。这不利于父母进行家庭教育，还会影响父母教育的力度和效果。

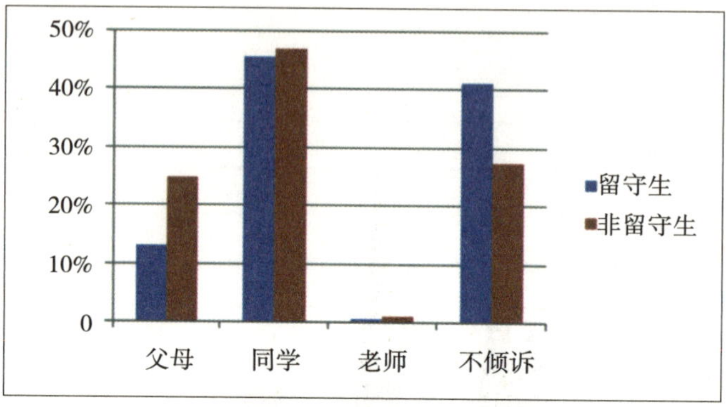

图4-5 向谁倾诉情况

从"你认为父母的陪伴对自己的生活和学习有何影响"的回答看，除明确表示"无影响""无所谓"者外，大多数同学表示父母的陪伴有利于自己更好地生活、学习，有利于自己的身心健康。多数同学的回答主要集中在"学习更安心""有压力""有依靠""有倾诉""有幸福感""有安全感""生活更充实""精神支柱""身心健康""性格开朗""自信乐观""增进亲情"等方面。这些回答表明，高中同学既希望得到父母更多的陪伴和关爱，同时又担心父母的陪伴会增加自己学习的压力。

5. 从生活满意度分析

从"你对自己的生活现状"看，回答"满意""较满意""不满意"的，留守生分别为22.1%、60.2%、17.7%，非留守生依次为34.4%、60.7%、16.1%。图4-6显示二者存在显著差异：留守生的生活满意率低于非留守生12.3%。这说明留守生对自己的生活现状不太满意，其生活状况不容乐观，这也从前面分析的相关数据得到了印证。

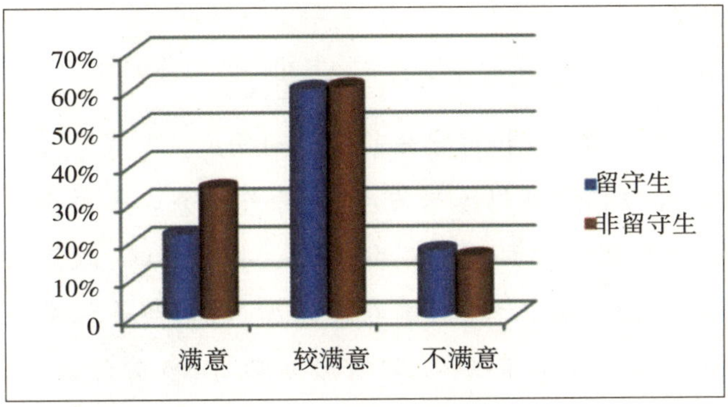

图 4-6　生活满意状况

6. 从升学规划分析

从"你对升大学有规划吗"的回答看，目前高中学生有了一定的升学规划，但留守生无升学规划者（35.4%）比非留守生（28.3%）高了 7.1%。图 4-7 显示，留守生相对较缺少生涯规划意识。

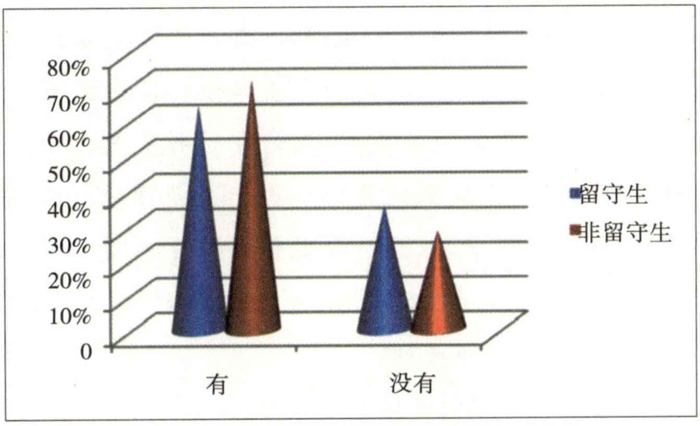

图 4-7　升学规划情况

三、研究结论及建议

1. 研究结论

通过调查数据的定量与定性分析，我们得出如下结论。

过半农村高中学生处于留守状态，且留守女生比男生多；留守生的性格在留守生活过程中受到影响，活泼开朗者相对较少；留守生不大认可"留守生"这一称谓；留守生的学业成绩总体不如非留守生；留守生家长最关注子女学习，相对忽视子女的生活和心理健康；留守生与父母有些疏远，有心事时，不太愿意与父母和老师交流，而较愿意和同学交流；留守生的生活满意率偏低，相对较缺少升学规划。

2. 对策及建议

针对以上研究结论，我们提出如下对策和建议。

（1）减少留守生的数量，扭转留守生的不利局面。

一是地方政府大力推进乡村振兴力度，引导外出务工人员回乡工作或创业，以减少留守生数量，扭转留守生目前的不利局面。具体策略：政策激励，吸引外出务工人员回乡办农场或到农场工作；引进农产品加工、电商等相关企业，为在外务工人员创造就业机会；找好致富带头人，培育致富项目，吸引外出务工人员回乡共同致富。二是村（社区）建立留守生联系制度，组建志愿者队伍，帮助留守生解决生活困难和心理困惑。三是学校建好留守生档案，对那些自觉性不强、独立生活能力差的留守生，班主任动员其家长回家照料，以便其顺利完成学业。四是外出务工家长应认真权衡子女教育和务工二者的轻重，尤其是在子女的关键时段，如高三，父母要有一方回家关照子女，不要给自己今后留下遗憾。

（2）注重教育疏导，增强学生健康成长的能力。

一是主流媒体如电视、报纸、融媒体等，创办有关留守生方面的栏目或节目，引导留守生树立正确的人生观和价值观，让留守生学会坚强乐观地生活、自信刻苦地学习。二是村（社区）营造和谐的教育氛围，用好乡村书屋或少年宫等，开展一系列读书活动、文体活动，培育学生积极健康的心态。三是学校开设好心理健康教育课，开展心理游戏、心理咨询等活动，及时发现和排解留守生的心理问题，让其开心生活、努力学习。四是家长针对子女成长阶段的心智特点，多与子女平等地、坦诚地沟通谈心，以便子女顺利度过叛逆期。

（3）开展亲子活动，增强学生的亲情和幸福感。

一是地方教育主管部门开展一些亲子教育主题活动，营造亲情教育的舆论氛围，以增进学生与家长的亲近感。二是学校在母亲节、父亲节等节日开展亲子主题教育活动，通过现场互动、视频对话等方式，让学生与父母交心、谈心，以增强学生的亲情感和幸福感。三是村（社区）在春节等节日开展亲子游戏、和谐家庭评选等活动，以增强学生的亲情体验。四是家长以身示范，在春节、中秋节、寒暑假期等时段，带着子女去拜见长辈、旅行参观等，以培养学生的感恩之心，拉近彼此的距离。

（4）开好生涯课程，培养学生的生涯规划能力。

自2014年全国启动新高考以来，高中生涯规划课就提到了相当的高度。但遗憾的是，目前高中学校尤其是农村高中，因专业师资匮乏等问题，该课程的开设情况参差不齐，效果不佳。学校应开好这门课，引导学生学会正确地认识自我，根据自己的性格、兴趣、学业、能力、价值观等进行综合研判，合理地规划自己的学业和职业，并为此不懈奋斗。具体建议：一是学校充分挖掘教师、学生家长、校友等人力资源，以解决生涯课程师资匮乏等问题；二是学校充分利用所在村（社区）和周边的种养育大户、农场、乡镇企业等资源，以解决好学生的职业体验场所问题。

(5)学会换位思考，培养自己的独立生活能力。

作为即将（或已经）成人的高中生，要学会与父母的换位思考，多思考“父母为何外出务工”“父母愿意外出务工吗”“父母外出务工是为了谁”等问题。同时，要学会独立面对自己的高中生活和家庭生活，保持乐观向上的心态，培养独立生活能力。否则，将来难以适应大学生活。

四、研究反思

受时间、距离、经费、研究能力等限制，本研究尚存在一些不足。比如：仅调查了本校高中同学，调查的面不广；受技术水平限制，调查数据仅以百分数、统计图进行了分析；撰写的研究报告质量还不够高；等等。尽管如此，这对初学研究的农村高中生来说，是终于迈出课题研究的可喜的第一大步，为我们今后的研究奠定了基础。

通过这次课题研究，我们收获满满：一是学到了编制调查问卷的基本方法和技巧；二是学到了调查数据处理的基本方法，如列表、统计图等；三是通过撰写研究报告，初步掌握了调查报告的基本结构和写作方法；四是提高了对研究性学习的认识，切实体会到综合实践活动对培养我们综合素质的重要作用；五是锻炼了组织协调能力，初步感受了实事求是、勇于探究等科学精神。

（原载重庆《创新教育》2021年第3-4期）

第三节 “劳动+服务”活动让学生用智

学校通过开展“劳动+服务”实践活动，突出活动的劳动性、整合性、探究性、创造性和反思性，让学生在服务中发挥自己的聪明才智，不断地学以致用，增强对知识的理解能力和运用知识的能力。比如，开展班级“一对一助学”行动，各学科优生通过备课、讲课等辅导活动，自己也进一步理解和巩固了所学知识。苏霍姆林斯基说得好，“学生在给别人传授知识的过程中，自己也弄清了许多东西。”又如，利用物理、化学、生物、地理等知识，研究生活小妙招等，为自己和身边的人能够更好地生活服务。再如，引导学生开展高中学生新高考选科情况调查研究，以更好地服务学生的学习生活，撰写的《农村中学高中生新高考选科调查报告》，获得了合川区青少年科技创新大赛一等奖。

案例

农村中学高中生新高考选科调查报告

◆ 高2023届5班　郭思莹　周一鸣 ◆

◆ 指导教师：罗学友　罗　燕 ◆

为了探究高中学生新高考选科情况，我们在罗学友、罗燕老师的指导下对本校高中生开展了调查研究，了解学生新高考的选科情况及影响因素，从而有利于学校指导学生更好地完成选科。本文是我们的调查研究成果。

一、现状调查

1. 调查对象

为方便实施，课题组以本校高中同学为研究对象。我校地处乡镇，高中学生主要来自周边乡镇，在农村高中有一定代表性，故本研究在农村高中具有普适性。

2. 调查工具

我们在老师的指导下自制调查问卷作为调查工具。问卷从学生选择科目、任选科目选择、体艺特长选择、了解新高考选科途径、决定选科时间、影响选科因素、最不可能选择科目和不选择原因等方面，设置了12个选择题，从理想大学和职业的方面出发，编拟了2个简答题。

3. 调查实施

2020年11月，我们采取分层抽样，以网络问卷的方式实施调查，参与调查的同学共计134人，其中男生51人、女生83人。

4. 数据处理

用人工和Excel相结合的方式分析处理调查数据。

二、结果与分析

1.从了解新高考选科途径分析

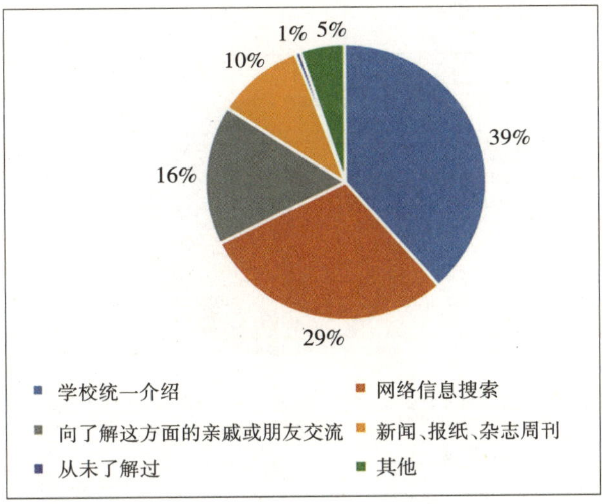

图 4-8 高中同学了解新高考选科途径

图 4-8 显示，从未了解过新高考选科的同学只占 1%，这表明同学对新高考选科十分重视，参与程度较高；有 39% 的同学通过学校统一介绍了解，29% 同学通过网络信息搜索进行了解，10% 的同学通过新闻、报纸、杂志周刊等了解新高考选科。这说明农村高中同学了解选科信息的途径较多，但不够深入。

2.从选择科目分析

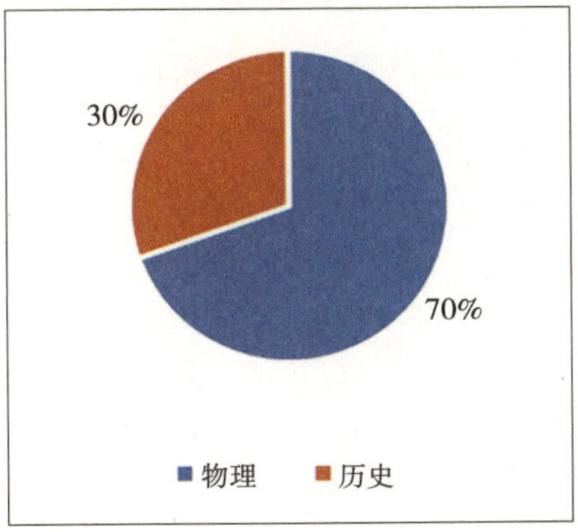

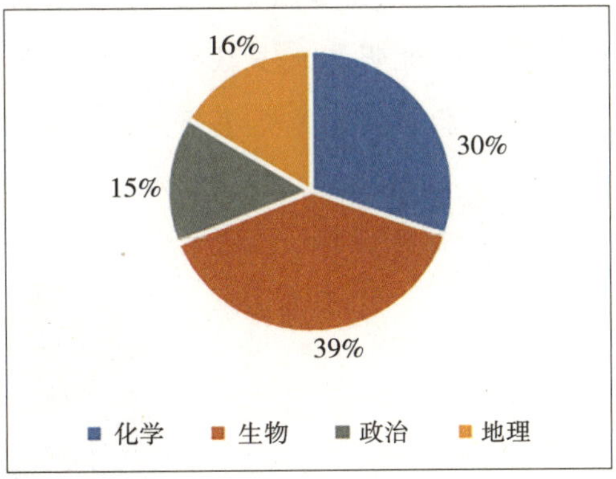

图 4-9 高中同学选择科目情况

图 4-9 显示，选择物理的同学占 70%，选择化学的同学占 30%，选择生物的同学占 39%，即选择理科科目的占绝大多数，说明这类同学普遍更能适应思维运用灵活的理科科目；选择历史的同学占 30%，选择政治的同学占 15%，选择地理的同学占

16%，即表明选择文科科目的人数较少，原因可能与学习时间相对紧迫，文科科目背诵要求高有关。

3.从影响选科因素分析

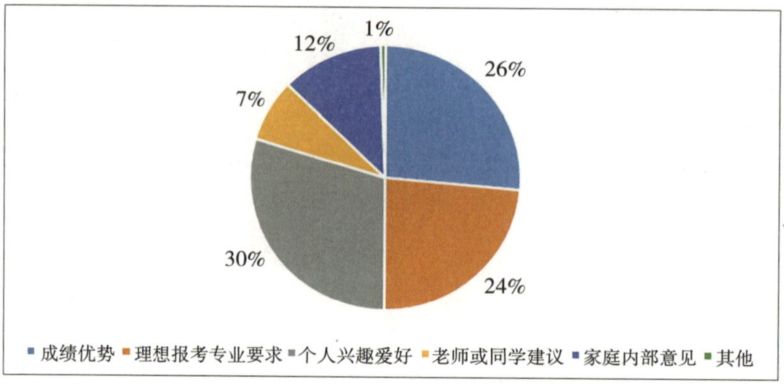

图 4-10　影响高中同学选科的因素

图 4-10 显示，影响高中同学选科的因素主要由成绩优势（26%）、理想报考专业要求（24%）、个人兴趣爱好（30%）组成，这说明现在的高中生自主意识较强；老师或同学建议（7%）、家庭内部意见（12%）这些外部影响因素占绝少部分，表明学生在一定程度上有自我考量，也许这与乡镇许多家庭成员的知识程度不高，对新高考选科的不了解和不重视有关。

4.从选科困惑方面分析

调查显示，绝大多数高中同学在选科受到困扰时，都希望得到老师的建议和家庭的引导。这说明绝大多数同学仍觉得自己无法更好地权衡利弊而做出明确的选择，对老师、家庭成员这类年长角色的依赖性仍然比较大。

5.从个人未来规划分析

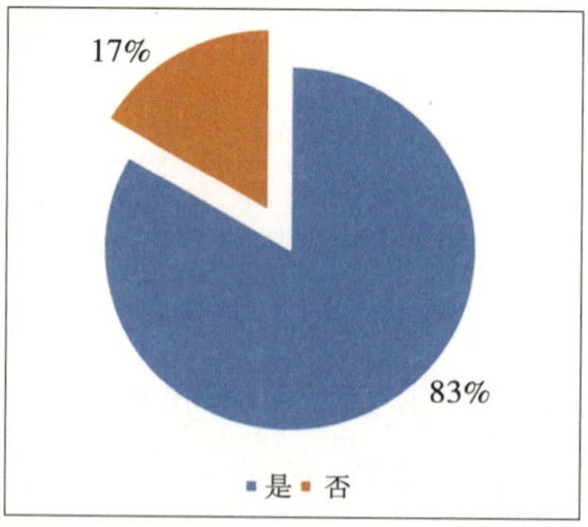

图 4-11　高中同学是否有未来规划

图4-11显示，绝大多数高中同学(83%)有未来规划，与先前得到“学生在一定程度上有自我考量”的结论相吻合，结合简答题“您的理想大学是什么”“您的理想职业是什么”的回答来看，发现新高考选科与学生规划未来有着紧密联系。高中同学的未来规划通常以985、211等重点大学，教师、医生等主流职业为主。

三、研究结论

综合以上分析，我们得出以下结论：

1. 农村高中同学重视新高考选科，但缺少主动性。

2. 农村高中同学家庭成员的文化教育程度普遍不高，对新高考选科的相关知识了解较少，不能给孩子很好的指导。

3. 农村高中同学由于家庭环境以及教育条件的差异而缺少正确的引导，但随着其年龄的增长，自主意识也在慢慢觉醒，独立性不断提高，同学们在一定程度上有自我考量。

4. 农村高中同学获取资源的途径相对较少，大都依赖于学校。学校宣传对同学们起到了一定的引导作用，但是仍具有片面性和局限性。

5. 农村高中同学由于家庭经济条件较差的原因，不会选择发展风险较大的一些冷门专业，在选科时通常根据成绩优势去选择理想专业，希望未来能得到更加稳妥的发展。

四、对策与建议

1. 学生方面

在新高考选科制度下，高中同学是真正的参与者，要自己做出正确选择。针对上述结论，我们提出如下建议：一是学生要提高对新高考制度的认识，主动积极地去了解有关新高考方面的相关信息，从而使自己的选科更加科学合理。二是要重视他人的意见，克服自我意识过剩带来的不良影响，积极与老师、家长沟通，主动接受选科引导。

2. 家庭方面

家庭是学生学习和生活的重要场所，对学生的选科具有直接影响。我们提出以下建议：一是家庭要突破文化知识的局限性，重视学生新高考选科，主动去查询、学习新高考方面的知识，以帮助学生选科。二是学生随着年龄增长，自我意识不断完善，要尊重学生的意愿，以平等的方式和学生沟通，以免造成学生的逆反心理，导致不良后果。

3. 学校方面

学校的教育对学生选科有着重要的导向作用。要具体做好以下几个方面的工作。一是高度重视学生选科引导，多了解和关注学生的实际情况，制订更加合理和科学的选科建议，克服局限性。二是不断完善学校在指导方面的不足，多关注学生心理方面的情况，及时对其进行引导。三是端正学生新高考选科的态度，多与学生家长交流，助力学生做出合理选择。

4. 政府方面

教育是国之重器，目前城乡教育差距较大，政府应充分考虑城乡教育的差别，让乡镇学生能更加充分地适应新高考选科制度的改革，推动乡镇教育发展。

五、研究反思

本调查研究由于种种原因，尚存在一些不足，在处理调查数据方面还不够精细，这些均有待我们今后进一步改进。通过本次研究，我们对新高考选科有了更深的认识，同时也培养了我们实事求是的科学精神，让我们受益颇多。

第四节 “劳动+基地”活动让学生强智

学校通过开展“劳动+基地”实践活动，突出活动的劳动性、整合性、探究性、创造性和反思性，让学生在基地实践中不断学习知识、应用知识，增强学生对知识的理解力和应用能力，增加学生的实践知识，增长学生的智慧。苏霍姆林斯基强调：“你要记住，劳动不仅意味着实际技能和技巧，而且首先意味着智力发展，意味着思维和语言的修养。”可见，劳动对学生的智力、思维发展具有重要作用。

比如，烘焙社开展制作“创意糕点”活动，学生凭借生活经验，学习糕点制作技艺，撰写制作心得或小论文等，拓展了语文、物理、化学、生物、美术等相关知识。又如，学生跟踪观察并研究白菜的生长过程，探索被霜打过的白菜为什么会变“甜”，撰写的自然笔记《霜打的白菜为什么会变“甜”》，获得了重庆市梦想课堂·自然笔记大赛二等奖，拓展了语文、化学、生物、美术等知识。再如，学生开展研究性学习，调查太和镇附近蒲公英的生长状况，研究它的食药功效，研究成果获得了重庆市青少年生物多样性探究大赛特等奖。

案例

蒲公英，在未来还能见到你吗？

◆ 学生：左艳芸　杨傅媛 ◆
◆ 指导教师：李奇龙 ◆

一、提出问题

小时候我很容易上火，我的奶奶常会给我泡上一杯蒲公英茶。茶虽然很苦，但能清除体内的火气。如今，随着人们生活水平的提高和健康意识的加强，每到春季蒲公英作为野菜食用的肥嫩时节，或是夏末秋初蒲公英作为药材有效成分最丰富的时节，就有大量的村民到野外去采挖，并且是大小不留，这种一扫而光的掠夺式采挖给野生蒲公英与自然环境带来毁灭性的伤害。蒲公英逐渐减少，市面上很难买到野生蒲公英。于是我产生了探究蒲公英的兴趣，决定和同学一起去野外探究蒲公英的生存环境及与人类的关系。

二、调查内容

（一）调查目的

1. 了解蒲公英的生活习性与特征。
2. 探究蒲公英的功效及作用。
3. 认识保护生态环境的重要意义。
4. 践行建设“美丽中国”理念。

（二）调查时间、地点

1. 调查时间：2021年11月20～21日。
2. 调查地点：重庆市合川区太和镇富金村。

为了调查哪里有野生蒲公英，我们动用了所有的亲戚朋友资源，后来一位年迈的花店老婆婆告诉我们富金村有蒲公英，我们便利用双休日的两天时间来到富金村，开启了寻找蒲公英之旅。

（三）蒲公英的生长环境

蒲公英的花期较长，一般在4～10月份左右，生长在公路旁、田野边、草地里、小河畔、山坡上。它的生长范围十分广泛，因水土流失严重，我们在野外寻找蒲公英时，将田间地头作为首选寻找地点。果然，我们在一块田边找到了它们。

田边生长的蒲公英

(四)蒲公英的结构特征

蒲公英在还没有开花的时候,花瓣外层为焦黄色,整体像倒着的钟一样。但当它将自己的花瓣舒展开来,呈现的颜色则是淡黄色,就开在紫红色的花葶上,又因为是春夏季开花,给人一种生机勃勃的感觉。凑近看蒲公英的叶,很是特别。它的叶不同于其他植物,呈倒卵状或者长卵状的披针形。叶的边缘有时为波状齿,有时又是羽状深裂,就像海面上微微起伏的浪花。它们长短不一,大约在4~20厘米左右,给人带来一种凌乱美。蒲公英的茎是空心且又笔直的,一直延续到花序部分。我们用手轻轻一掐,便能看见蒲公英的白色汁液沿着枝干的中间流出来。我们小心翼翼地拔出了一株蒲公英,发现它的根部像细长的圆锥一样,还有点弯弯的。我们接着又拔了八株蒲公英,它们的根都为棕褐色,主根又长又直,侧根则又细又短,我们便确定蒲公英属于直根系。接着我们用尺子测量根的长度,大约在5~20厘米。难怪我们在野外挖掘大株的蒲公英很艰难,原来它长大的根钻入了泥土深处。

表4-1　蒲公英叶与根调查表

序号	叶(cm)	根(cm)
蒲公英1	7.3	13.1
蒲公英 2	9.7	12.0
蒲公英 3	5.2	6.3
蒲公英4	11.5	12.0

续表

序号	叶(cm)	根(cm)
蒲公英 5	8.7	8.4
蒲公英 6	17.9	18.2
蒲公英 7	7.3	11.9
蒲公英 8	5.1	7.6

注:两株蒲公英为幼苗状态,其数据可能有误差。

蒲公英的根和叶

我们还在摆弄蒲公英的根时,一阵微风拂面而来,吹走了蒲公英的种子。白茸茸的种子随风而起,像一个个小巧的降落伞,飘向了远处的土地。我们拿起飘在近处田里的蒲公英种子,凑近一看:蒲公英的种子上面白茸茸的部分,由很多细细的冠毛组成,它们向着四周往上生长,再由一根稍稍长点的细毛,连接起下面棕褐色的椭圆形部分,组成了一个小小的蒲公英种子。比起别的植物,蒲公英传播的方式很有特点——靠风力来传播种子。当它的花凋谢之后,便像刚才微风吹过一样,飘到新的地方孕育生命。

(五)蒲公英的功效及作用

蒲公英种子有它自己的使命,而蒲公英的根和茎,也有着独特的功效和作用。蒲公英可作中药,它具有清热解毒、止咳化痰的作用。它利尿,对消化不良、便秘也都有改善的作用。蒲公英含有丰富的胡萝卜素、维生素及矿物质,对支气管炎有一定的治疗效果；蒲公英还可以外用美颜，将花朵熬成药汁可以淡化雀斑，可以说是一种用途广泛的中草药。新鲜蒲公英要选择叶片干净、略带香气者；干燥蒲公英则最好选取颜色灰绿、无杂质、干燥者。凡事都有两面性，蒲公英也不例外，它也有副作用——性寒。风寒咳嗽、痰湿咳嗽时，则不适合食用（或服用）蒲公英；长期泡蒲公英水饮用会导致脾胃虚寒，出现腹泻、消化不良、呕吐等症状，也会导致低血压、头痛、浑身乏力等，部分人群服用蒲公英后会出现过敏现象，所以食用蒲公英也要因人而异。

（六）蒲公英茶的熬制方法

蒲公英对人类的身体利大于弊，我们应当好好利用蒲公英的功效，学会正确熬制蒲公英。

1. 如果是新鲜的蒲公英，我们可以先把它清洗干净，在锅里掺入适当比例的水，放入蒲公英，其比例在8:1左右。大火烧开后盖上锅盖，小火熬制15～30分钟（熬制时间过长，会毁掉里面的营养元素），最后选择是否过滤掉蒲公英，就可以品尝了。

2. 如果想喝干蒲公英熬的水，可以把它洗净，晒干后放置阴凉处，这样就可以得到干蒲公英，它的药效也会得到提高。平时用干蒲公英熬水喝，会有更好的保健效果。

三、调查结果

（一）野生蒲公英的数量稀少，数量呈下降趋势的主要原因

1. 野生蒲公英食用与药用价值高，人类过度采挖。

2. 蒲公英在开花初期便被人们采挖食用，蒲公英宝宝尚未成熟传播前便被采收，自然繁殖基本不能正常进行。

3. 过度使用化肥与农药，导致其生存能力下降。

4. 温室效应导致气候变暖，生存环境恶劣。

观察蒲公英及测量蒲公英

蒲公英浑身上下都是宝，很多人都喜爱它，毕竟它是我们大多数人童年的美好回忆（吹蒲公英花形成许多降落伞）。据市场的小贩说，野生蒲公英因需求量大而供给量少，在我们这里的价格已经涨到了20元左右！城市中的价格更是水涨船高。没想到小时候常见的野生蒲公英已经到了物以稀为贵的地步，也到了需要人们保护的时候了。

为了保护野生蒲公英，同时也满足人们日常生活的需要，在控制过度采挖的同时，我们也需要大力推广人工种植蒲公英的技术。

人工种植蒲公英的技术常见的有以下两种：

1. 播种繁殖：每年夏天采摘蒲公英的种子，在温水中浸泡12小时左右，然后放置于阴凉处2～3天，最后播撒在适宜的土壤里。

2. 移根繁殖：在每年春秋时节，将挖出来的根进行移栽，必须使用锋利的刀片采挖蒲公英的根系，并对根系做消毒处理，而且一定要让土壤保持湿润的状态。

（二）保护生态环境的重要性

如今有许多像蒲公英一样常见的植物都处于危险的边缘。温室效应造成的全球气候变暖是最严重的生态问题之一。工业革命导致人类向自然界排放的二氧化碳越来越多，不断积累的二氧化碳相当于给地球表面覆盖了一层厚厚的棉被，热量不能向外太空散失，造成地球表面温度升高，这就是俗称的温室效应。全球性气候变暖会对生态环境造成极大破坏，如冰川融化使得海平面上升，一些临海的国家及城市将会消失，这不仅关系着人类的存亡，动植物也会受到影响。为了人类与动植物的生存环境，我们必须要改变生活方式，调整现代产业结构。

四、总结与反思

小小的蒲公英不仅是自然界万千植物的一种，也是大自然生态链上不可缺少的一个环节。如果人们为了眼前利益对其进行掠夺性采挖，那么蒲公英灭绝的那一天将不遥远。到时候我们只能在电影或书上看到蒲公英，面对后人我们或将成为历史的罪人。

每个人都可以做好自己力所能及的事，保护生物多样性，保护生态环境，让蓝天白云与绿水青山共存，让动植物都有美丽的家园，让我们每一个青年学生都为共建万物和谐的美丽家园而付出自己的努力！

（此文获第二届重庆市青少年生物多样性探究大赛特等奖）

第五节 “劳动+创造”活动让学生启智

习近平总书记在党的二十大报告中强调，必须坚持科技是第一生产力、人才是第一资源、创新是第一动力。

学校通过开展“劳动+创造”实践活动，突出活动的劳动性、整合性、探究性、创造性和反思性，让学生在创造中不断用智启智、在用智启智中更好地创新创造，从而提升学生的创新创造能力。

第一，成立科技协会，每年举办“和韵生辉·科创追梦”科技节，通过开展科普演讲赛、科普作品赛、科技成果展等活动，启迪学生的智慧，提升学生的科学素养和创新创造能力。学生制作的野外用水过滤自热便携式装置获第三十六届重庆市青少年科技创新大赛创新成果二等奖。

第二，在大自然中进行创造，启迪学生的智慧。比如，学生创作自然笔记，作品《杠板归简录》在全国青少年自然笔记征集活动中获奖。

第三，科幻作品创作启迪学生智慧。如学生的《阳光世界》《生命无限公司》等作品均获得了重庆市青少年科幻征文大赛一等奖。

第四，运用所学的信息技术、数学、物理、美术等知识进行“3D打印”项目化学习，把学校的办学理念、校训、校徽等进行设计，并打印成3D实物运用于校园文化建设，不仅启迪了学生的创新创造智慧，还增强了学生的成就感。

案例

野外用水过滤自热便携式装置设计制作

◆ 高2021届10班：秦豪骏　唐树林　游中毅 ◆
◆ 指导教师：黄明著　王琳灵 ◆

摘　要：为满足野外活动饮水的安全和需求，我们在老师的指导下尝试设计出一种依靠物理过滤、化学反应生热原理的野外用水过滤自热便携式装置，既能避免野外用火的安全隐患，又可以不受天气影响。该装置结构简单、操作方便、绿色环保。通过测试，该装置基本达到了设计要求，但仍需进一步研究改进。

关键词：野外用水过滤自热便携式装置；水处理；设计制作

一、研究背景

野外探险中一个重要的环节是寻找水源，直接饮用水存在危险，需经过处理才能饮用。而能喝上一杯热水，该是多么的享受呀！于是，我们想设计一种能处理野外水，还能加热的装置。

通过调查发现，市场上的户外水处理用品，只具有简单的过滤功能，而不具备加热功能。经过设计、制作、试验、改进，最终我们在老师的指导下设计出一种能过滤、加热的野外用水过滤自热便携式装置。

观察野外水质

二、设计要求及原理

(一)设计要求

根据户外活动的特点，我们提出了以下设计要求：

1. 使用对象为户外活动的爱好者，因此装置要便于携带。
2. 为了使水达到饮用要求，该装置要实现过滤和杀菌的功能。
3. 为了实现良好的人机关系，装置应方便操作、使用安全、高效。
4. 为了应对探险时长的不确定性，要能长时间续航。
5. 有较强的环境适应性，在各种天气(大风，大雨等)下能正常工作且达到要求。
6. 户外用品存在可能丢失的情况，故成本不能太高。
7. 满足更好的杀菌和生理需求，要具有加热的功能。
8. 避免火灾隐患。
9. 不污染环境。

（二）设计原理

1. 物理过滤原理。

通过对比已有的水处理过滤装置，我们选择了性价比较高的过滤器，装置特点如下：

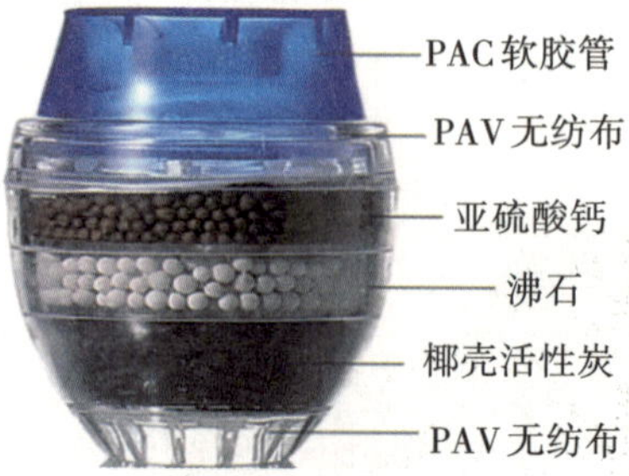

图4-12 水处理装置

表4-2 装置特点

PAV无纺布	拦截5微米以上大颗粒，如铁锈、泥沙、红虫、毛发、胶体等
椰壳活性炭	过滤重金属，去除异味异色
亚硫酸钙	余氯（衍生物：三氯甲烷、四氧化碳等致癌物）
沸石	去除水中氨氮、重金属、放射性物质

2. 加热原理。

考虑到成本和加热需求，我们考虑了多种加热方法，最终选择了化学方法，即 $C_aO + H_2O = C_a(OH)_2$，此反应现象是产生大量的热。通过大量试验分析，由需加热的水量和需要的温度来确定化学药品的量。此加热方法满足设计要求中的第4条至第8条。

三、设计制作装置

（一）设计装置图

装置分成两层，上层杯体的杯底与过滤器连接，杯底置有PVC无纺布制作的纸盘，目的是便于清理5微米以上的大颗粒。下层的化学反应在内筒与外筒之间进行，通过热量传递加热内筒中的水。为了尽可能地利用热量，在外筒外加装保温材料，可以保障内筒水温持续时长。使用者在收纳时可将加热内筒放置过滤杯内，外筒配合其盖子进行水的存储和保温。上层和下层用便携杯袋进行固定收纳。

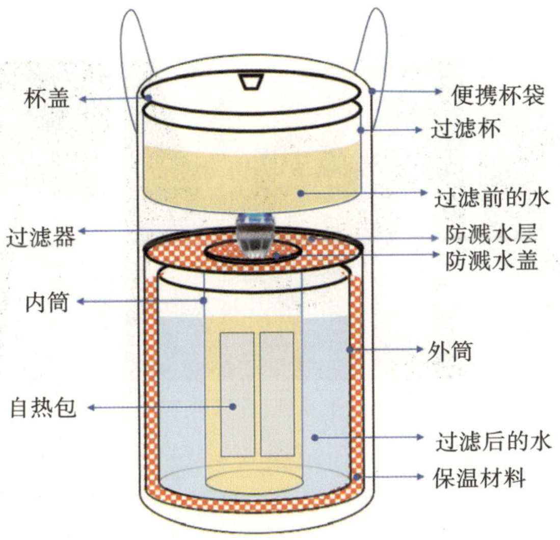

图 4-13　野外用水过滤自热便携式装置设计图

（二）制作装置

1. 材料准备：不锈钢杯子（过滤杯、外杯、加热内筒、加热外筒）、保温材料、自热包，等等。

2. 零件加工和装配。

（三）展示装置

1. 外观展示。

整体外观

2. 内部展示。

加热子系统(内筒)

加热子系统(外筒)

过滤子系统

四、装置测试

(一)试验装置

试验装置

(二)试验总结

从试验数据中可以看出有15分钟41秒的时间在90℃以上,故能达到很好的杀菌效果。

五、装置分析和优化方案

表4-3 装置分析和优化方案

评价指标	分析	评分(5分/项)	改进方案
成本	①内筒:304不锈钢杯子(350 mL)11.21元 ②外壳:不锈钢无手柄水杯12 cm(1250 mL)14元 ③过滤器14.9元 ④加热包30 g的0.7元/包 ⑤其他(加热内筒、保温材料、外包装、加工成本)10元 合计50.81元	4分	外壳可以用便宜一些的塑料代替
实用性	①具有过滤和加热功能,每次加热的水量较少 ②若是携带有可饮用水源,还可随时随地加热水	4分	可进一步试验,找到最合适的自热包与水的比例,制作出符合要求的处理装置
安全性	保温材料不会烫手,内筒上方的盖子能有效防止水溅出,且对水蒸气的导向良好	5分	
便携性	体积小,质量轻	5分	
可持续发展	不会产生明火,完全避免了加热处理水时引发火灾的危险,下雨天也能工作	5分	

六、装置说明书

1. 将过滤后的水(装置原型小于120 mL)装入外筒中。

2. 发热包30 g(两条)放入内筒中。

3. 内筒中加入水,淹没发热包即可。

4. 迅速盖好防溅水盖。

5. 等待13~19分钟,将加热内筒取出(如水中有重金属盐或有毒矿物质,应将浓茶与水同煮,最后出现的沉淀物不要喝)。

6. 将外筒中处理好的水进行收集,或待外筒内水温合适即可饮用。

七、设计反思

装置加热功能有待改进。后期考虑增加其他加热方式，如太阳能加热等，优化装置，让装置更加节能。通过这次活动，提高了我们的设计制作能力、创新能力等综合能力。在此，我们感谢学校领导的支持，特别要感谢黄明著、王琳灵老师的精心指导和帮助。

第五章
“劳动+”型综合
实践活动与体育

体育是学生强身健体的重要途径和锻炼方式。毛泽东早就在《体育之研究》一文中强调:“体育一道,配德育与智育,而德智皆寄于体,无体是无德智也。”学校将“劳动+”型综合实践活动与体育有机融合,重点开展群体性、生活性、趣味性的体育活动,丰富体育的内容和形式,提高学生的运动能力、健康行为和体育品德等素养。

学校通过将“劳动+”型综合实践活动与体育融合,提升了学生的体育教育素养。比如,学校成了全国青少年校园足球特色学校、全国青少年校园网球特色学校,学生参加2022年合川区中小学田径运动会获得了高中组团体第二名、初中A组团体三等奖和5金10银5铜的好成绩,初步形成了“和健体育”课程体系。

第一节 “劳动+课程”活动培养学生运动意识

2020年10月,中共中央办公厅、国务院办公厅印发的《关于全面加强和改进新时代学校体育工作的意见》指出,学校体育是实现立德树人根本任务、提升学生综合素质的基础性工程,是加快推进教育现代化、建设教育强国和体育强国的重要工作,对于弘扬社会主义核心价值观,培养学生爱国主义、集体主义、社会主义精神和奋发向上、顽强拼搏的意志品质,实现以体育智、以体育心具有独特功能。

学校通过开展“劳动+课程”体育实践活动,突出活动的劳动性、整合性、探究性、创造性和反思性,让学生在活动中学习体育与健康知识,提升运动认知,有利于培养学生的运动意识。

首先,学校通过体育与健康课,引导学生学习运动与健康的知识,提高学生对运动与健康的认识,增强运动意识。其次,通过激情跑操等全校群体性活动,营造运动锻炼的氛围,强化学生的运动意识。最后,通过校本选修课“传统武术”的学习,在强健学生身体的同时,增强学生的运动意识和防身技能。

案例

传统武术练习与展演

◆ 黄文刚 ◆

一、活动地点:武术训练场地

二、活动时间:选修课活动时间

三、活动对象:传统武术选修课学生

四、指导教师:黄文刚

五、活动目标

1.通过学习传统武术基本礼仪和武术套路,培养学生的运动习惯与能力,感受传统武术的魅力,增强文化自信。

2.通过策划展演方案、创编武术对练动作,培养学生的创造能力和创新精神。

3.通过武术展演,培养学生的艺术表达能力、创意审美能力和团结协作精神。

4.通过在展演过程中准备器材、布置场地、选择服装和配乐等,培养学生的劳动意识和综合素养。

六、活动过程

1.学生分组。由武术班班长负责分组,6人一组,各组自荐组长。

2.练习准备。上网搜索传统武术资料,观看武术套路视频,含五步拳、少年拳第一套、少年拳第二套、少林八步连环拳、虎鹤双形拳、和第一套国际武术比赛套路南拳。

3.练习套路。(1)集体练习。分解法与完整法并用。学生先跟随老师练习抱拳礼、武术的基本步型和手型,然后分解练习少林八步连环拳,最后进行完整练习。(2)分组练习。分组练习五步拳、少年拳第一套、少年拳第二套、虎鹤双形拳和第一套国际武术比赛套路南拳。

4.创编动作。教师指导武术优秀学生自编武术对练动作,待动作成熟后,再向全班同学进行对练表演并进行传授。

5.排练表演。在老师的指导下,由学生自主策划展演方案、布置场地、定制服装、选择配乐《男儿当自强》、确定表演队形、设计出入场方式等。学生通过反复排练，最后进行正式展演。

传统武术展演

6. 总结反思。展演后，学生重温自己的展演视频，每人撰写一份活动心得，在总结会上交流，分享活动的花絮和展演带来的快乐。

六、活动成效

1. 该武术展演视频编入了由重庆电视台录制的学校专题宣传片。

2. 学生在合川区中小学特色建设推进会上进行了展演。

3. 学生夏森林在2023年获得“国家二级运动员”证书，已具备报考体育学院武术专业的基本条件。

案例简评

【劳动性】学生练习武术套路、创编对练动作、策划展演方案、布置场地、定制服装、选择配乐、排练展演等，既有体力劳动，又有脑力劳动，充分体现了活动的劳动性。

【整合性】该活动融合了体育、传统武术、表演艺术、音乐等学科知识，体现了活动的整合性。

【探究性】学生设计活动方案、出入场方式、表演队形，创编对练动作等，体现了活动的探究性。

【创造性】学生创编武术对练动作、设计表演队形等，体现了活动的创造性。

【反思性】学生观看自己的展演视频，撰写活动心得，在总结会上分享经验，畅谈武术练习和展演的切身感受，体现了活动的反思性。

第二节 “劳动+生活”活动培养学生运动习惯

学校通过开展“劳动+生活”体育实践活动，突出活动的劳动性、整合性、探究性、创造性和反思性，让学生在生活中提高对体育与健康的认识，培养学生在生活中注重运动的习惯。

一方面，学校开展常态化的群体性体育竞技活动，如班级足球赛、班级篮球赛等，引导各班学生组织策划活动，为运动员呐喊助威或服务，培养学生的运动习惯。另一方面，通过开展个性化的体育活动，如徒手健身、瑜伽、网球、足球、羽毛球、乒乓球等，培养学生的体育兴趣、运动习惯和运动能力。

案例

瑜伽练习与展演

◆王 丹◆

一、活动地点：瑜伽教室

二、活动时间：选修课时间

三、活动对象：选修课学生

四、指导教师：王丹

五、活动目标

1. 学生能独立做瑜伽动作，小组合作探究创编成套动作，培养学生吃苦耐劳、坚持不懈的体育精神，感受瑜伽的魅力和文化。

2. 通过瑜伽展演，培养学生的表演能力，以及团结协作、勇于担当等品格。

3. 通过瑜伽的练习和展演，培养学生的运动习惯和运动技能，发展学生的综合素养与能力。

六、活动过程

1. 分组。学生自由组合，10人一组，自荐组长。

2. 准备。学生在组长的带领下通过上网、去图书馆等方式查找瑜伽资料，学习瑜伽的基本知识，了解瑜伽文化。同时，准备瑜伽服、瑜伽垫、音乐、音响等。

3. 练习。实行分步教学。第一，教师进行呼吸、单个体位动作（如树式、猫式、眼镜蛇式、战斗式）和冥想等瑜伽动作教学示范。第二，小组在指定地点分步练习，教师巡视指导，纠正学生的不规范动作。第三，教师示范组合动作。例如站姿瑜伽中祈祷式接风吹树式、椅子式等，或是祈祷式接展臂式、前屈式；坐姿瑜伽中骆驼式后接兔子式、猫式。

4. 创编。小组创编组合动作。收集10个左右符合运动规律的体位动作，对动作进行编排。剪辑时长约20分钟的音乐。例如：有小组创编了“祈祷式—风吹树式—椅子式—战斗式（一式、二式）—三角式—骆驼式—猫式—眼镜蛇式—鸽子式—婴儿式（每个体位之间利用婴儿式进行休息）”系列动作，配以《大自然的声音》音乐；有小组以坐姿体位为主创编了“莲花坐姿—坐姿转体和前屈—猫式—海豚式—下犬式—拜日式(一式、二式)—船式—弓式—婴儿式(每个体位之间利用婴儿式进行休息)”系列动作,配以《生命是一朵莲花》等瑜伽音乐。

瑜伽练习

5. 展演。小组提前准备展演的瑜伽垫、瑜伽服、音乐、彩色胶带等,并策划本组的展演造型,如“太”字形、花瓣形等。各组策划展演预演,最终在合川区中小学特色学校建设推进现场会上进行正式展演。

6. 反思。召开总结会,各小组用PPT或小视频等形式对本次活动进行总结汇报,谈活动心得,找活动不足。

七、活动成效

学生在太和中学承办的合川区中小学特色学校建设推进现场会上进行了展演,获得了来宾好评。

案例简评

【劳动性】有查找资料、创新编排、组织策划等脑力劳动;有场地布置、动作练习、动作展演等体力劳动;有音乐剪辑、制作PPT或视频等新业态劳动。

【整合性】该活动融合了体育、音乐、舞蹈、信息技术、劳动等学科知识,发挥了每个学生的智慧和力量。

【探究性】如学生为探究瑜伽的渊源、派别、特性等而查找资料;又如学生在练习呼吸、体位,创编动作和策划中进行了探索。

【创造性】各组学生在创意编排瑜伽组合动作、策划表演造型等过程中大胆创新。如猫式后接下犬式,展演造型如花瓣形、“太”字形等。

【反思性】各组学生先在组内开展活动总结,然后在班上进行总结汇报,分享活动的成果和花絮,交流活动的经验和得失。

第三节 “劳动+服务”活动培养学生健全人格

2020年10月，中共中央办公厅、国务院办公厅印发的《关于全面加强和改进新时代学校体育工作的意见》指出，帮助学生在体育锻炼中享受乐趣、增强体质、健全人格、锤炼意志。2021年8月，教育部等五部门发布的《关于全面加强和改进新时代学校卫生与健康教育工作的意见》提出，将健康教育与德育、智育、体育、美育、劳动教育相结合，融入教育教学、管理服务全过程。

学校通过开展“劳动+服务”体育实践活动，突出活动的劳动性、整合性、探究性、创造性和反思性，让学生在服务活动中不断运用智慧、发展智慧，培养学生服务他人、服务社会的能力，培养学生的健全人格。比如，引导学生在体育类活动中服务，如在校运会中或当裁判，或当信息员，或当宣传员，或当啦啦队员，培养学生的团队精神和积极进取、勇于担当等精神品格。又如，开展心情社、心力初阳社、播音社等社团活动，引导学生在活动中形成健康的心态和健全的人格。

以下是学生在体育节的活动花絮。

体育节活动花絮

MEETING
adidas

第四节 “劳动+基地”活动培养学生意志品质

学校通过开展“劳动+基地”系列实践活动，突出活动的劳动性、整合性、探究性、创造性和反思性，让学生在活动中不断强志、用智，从而锤炼学生顽强的毅力，培养坚忍不拔的意志品质。比如，组织学生分批徒步到校外的水果基地参加劳作、探究学习等综合实践活动，既能培养学生的品质，又能增强学生的实践能力。又如，每年高一学生入学不久，就开展国防教育系列活动，以军训为载体，让学生在体验军旅生活的过程中，既增强了体质，又锤炼了不畏艰难、吃苦耐劳等人生重要的品质。在军训结束后，引导学生进行总结反思，撰写军训心得并在班上进行分享，同时参加学校军训专题征文评选。

以下是高2026届学生历时1周的“砥砺青春·强国有我”军训活动花絮。

军训活动花絮

第五节 “劳动+创造”活动培养学生体育精神

学校通过开展“劳动+创造”体育实践活动，突出活动的劳动性、整合性、探究性、创造性和反思性，让学生在创造性实践中增长才干、培养创新创造能力，培养学生自尊自律、勇敢顽强、积极进取、超越自我等品质。

比如，在“和韵生辉·以体育人”体育节中，各班学生通过设计制作个性化的班级标语、标牌，创新运动会服务和宣传报道等方式，培养学生自尊自律、勇敢顽强、积极进取、超越自我的体育精神。又如，学校以年级为单位开展的“青春逐梦，扬帆起航”60华里远足实践活动，以校外基地为目的地，引导各班学生策划方案，提炼活动标语口号、设计制作班旗、搬运生活物资等，既锻炼了学生身体，又锤炼了其不畏艰辛、吃苦耐劳等意志品质。

以下是高2025届学生远足到太和镇金家坝河坝开展“奋进追梦路·青春励志行”主题远足实践活动花絮。

主题实践活动花絮

dark

第六章
“劳动+”型综合实践活动与美育

2020年10月，中共中央办公厅、国务院办公厅印发的《关于全面加强和改进新时代学校美育工作的意见》要求，以提高学生审美和人文素养为目标，弘扬中华美育精神，以美育人、以美化人、以美培元，把美育纳入各级各类学校人才培养全过程。

学校将“劳动+”型综合实践活动与美育有机融合，围绕美术、音乐、舞蹈等开展实践活动，优化美育教育的内容和途径，增强美育的吸引力，提高学生的美育兴趣和素养。实现“以美立德”“以美启智”“以美健体”“以美促劳”，深化五育融合，发挥美对学生价值理念与物质实践的精神引领。

“劳动+”型综合实践活动与美育融合，提升了学校的美育教育质量。学校获得重庆市楹联教育基地、市篆刻优秀社团称号，“奇妙的对联”“篆刻”两门校本课程被评为市普通高中精品选修课程，初步形成了“和美艺术”课程体系。

第一节 “劳动+课程”活动让学生欣赏美

中共中央办公厅、国务院办公厅印发的《关于全面加强和改进新时代学校美育工作的意见》提出，学校美育课程以艺术课程为主体，主要包括音乐、美术、书法、舞蹈、戏剧、戏曲、影视等艺术课程。

学校通过开展“劳动+课程”美育实践活动，突出活动的劳动性、整合性、探究性、创造性和反思性，让学生在真实的美育活动中欣赏美而受到美育的熏陶，形成美的体验，感受美育的重要意义。

比如，开展“和韵生辉·阅读育心”之读《红楼梦》项目化学习活动，学生通过认真读名著，用电脑写心得、画人物、评人物，举办成果展览等系列活动。活动融合了语文、美术、信息技术等多学科知识，学生因获得更多的亲知而变得更加睿智。

案例

《红楼梦》整本书阅读研究成果与展览

◆ 杨中贤 董 敏 ◆

一、活动地点：高2025届各班教室

二、活动时间：每周语文阅读课

三、活动对象：高2025届全体学生

四、指导教师：杨中贤、董敏

五、活动目标

1. 通过阅读《红楼梦》，勾画、摘录书中内容，学会筛选、分类整合信息，培养学生的语言建构与运用能力。

2. 通过设计、绘制手抄报，点评人物、对联、诗词，欣赏服饰、建筑等内容，提升学生的审美鉴赏能力与创造力。

3. 通过阅读《红楼梦》，探究其社会习俗、园林建筑、服饰装扮、饮食起居，增强学生对传统文化的理解与传承意识，增强文化自信。

4. 通过分类探究《红楼梦》，携手制作读书展板，激发学生劳动兴趣，培养学生的团队精神和合作意识。

六、活动过程

1. 制订方案。首先，杨中贤语文工作坊组织开展第三届“和韵生辉·阅读育心”主题阅读活动，拟定《红楼梦》整本书阅读方案；其次，布置《红楼梦》读书任务，采取班级负责制，各班抽签决定展出内容，计划在四周左右的阅读课中完成；最后，进行成果等级评选。

2. 分工研究。首先，各班根据人数分组，实行小组负责制，每组8～10人，选定小组长；然后，各小组收集和整理相应信息，集中讨论、大胆设想，完成各组初稿设计；最后，组长调配组员，分配版面设计、文字书写、美术装饰等制作任务。

3. 制作展板。小组完成制作任务后，扫描作品，班级统一排版。例如探究《红楼梦》美食的班级编制了“红楼美食大纲”，分别有“饮品篇”“粥食篇”“菜肴篇”“点心篇”这几个篇章；再如探究《红楼梦》对联的班级编排了“对联积累”“对联故事”“对

联点评”三个板块，其中“对联积累”根据内容又分成“风景类”“人物类”“主题类”三个部分。

4.展示成果。组织学生布置展板，围绕学校广场摆放展板，以“书本介绍、人物关系、人物形象、服饰、美食、建筑、医药、民俗、对联、诗词”的内容为序进行展出。

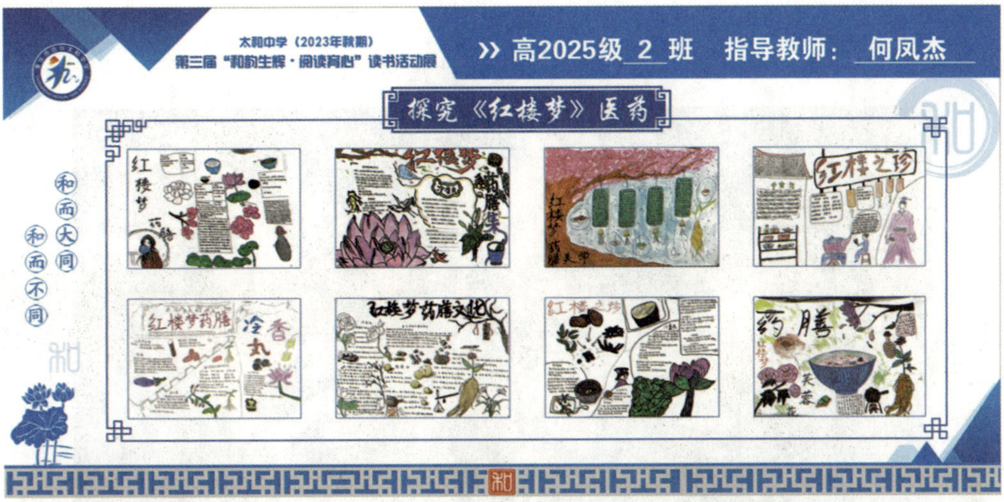
太和中学（2023年秋期）
第三届"和韵生辉·阅读育心"读书活动展
高2025级 2 班 指导教师：何凤杰
探究《红楼梦》医药
和而大同
和而不同

太和中学（2023年秋期）
第三届"和韵生辉·阅读育心"读书活动展
高2025级 15 班 指导教师：董敏
探究《红楼梦》美食
和而大同
和而不同

太和中学（2023年秋期）
第三届"和韵生辉·阅读育心"读书活动展
高2025级 6 班 指导教师：秦媛媛
探究《红楼梦》服饰
和而大同
和而不同

部分手抄报展板

5. 总结表彰。在展出中，各班组织观摩作品，分享读书成果，交流心得，反思不足，力求改进。最终评选出一、二、三等奖，并对获奖班级进行表彰。

评委评比

表彰学生

七、活动成效

1. 作品在学校第三届“和韵生辉·阅读育心”主题阅读活动中展出。

2. 活动经学校公众号宣传报道后，获得社会好评。

案例简评

该研究性学习与成果展示案例，体现了“劳动+”型综合实践活动的五个特性。

【劳动性】有制作展板、布置展板等体力劳动；有阅读《红楼梦》，在阅读基础上查阅资料等脑力劳动；有动手摘抄内容、分类整理资料、书写对联、绘制手抄报等手工劳动;有拍摄、扫描等新业态、新技术劳动。

【整合性】该活动融合了语文、美术、数学、信息技术等学科知识;综合了阅读、摘抄、设计、书法、绘画、制作、展览等活动,提升了学生探究阅读、分类整理、版面设计、书写绘画和制作展板的动手实践能力。

【探究性】学生探讨、阅读《红楼梦》,摘抄精彩内容,鉴赏、点评精彩内容,然后分别从书本介绍、人物关系、人物形象、服饰、美食、建筑、医药、民俗、对联、诗词等角度进行探究。

【创造性】学生探究《红楼梦》创新型阅读方式,进行有创意的分类整理,创造性地设计版面,最终按照逻辑顺序进行创造性展览。

【反思性】展览后,各班组织学生分享成果,相互借鉴、点评内容,总结经验,撰写活动心得等。

第二节 “劳动+生活”活动让学生感受美

中共中央办公厅、国务院办公厅印发的《关于全面加强和改进新时代学校美育工作的意见》强调,加强美育与德育、智育、体育、劳动教育相融合,充分挖掘和运用各学科蕴含的体现中华美育精神与民族审美特质的心灵美、礼乐美、语言美、行为美、科学美、秩序美、健康美、勤劳美、艺术美等丰富美育资源。2023年12月,《教育部关于全面实施学校美育浸润行动的通知》又进一步提出要求,以浸润作为美育工作的目标和路径,将美育融入教育教学活动各环节,潜移默化地彰显育人实效,实现提升审美素养、陶冶情操、温润心灵、激发创新创造活力的功能,培养德智体美劳全面发展的社会主义建设者和接班人;加强美育与德育、智育、体育、劳动教育的融合,挖掘和运用各学科蕴含的品德美、社会美、科学美、健康美、勤劳美、自然美等丰富美育资源;全面提升学生文化理解、审美感知、艺术表现、创意实践等核心素养,丰富学生的精神文化生活,让学生身心更加愉悦,活力更加彰显,人格更加健全。

学校通过开设美术、音乐课程和进行实物贴画、剪纸、十字绣、篆刻、书法、舞蹈等社团活动,引导学生在活动中欣赏美的作品,得到美育熏陶,培养学生欣赏美的能力。比如,十字绣社团通过举办“学校文化”主题活动,引导学生把学校的办学理念“和而大同、和而不同”、校训“和正和达、至善至真”和校徽等设计、制作成精美的文创作品,存放在学校展览室供师生和来宾欣赏。

案例

用鹅卵石制作校内基地篆刻文化作品

◆ 王锦辉 ◆

一、活动地点：篆刻教室、户外场地

二、活动时间：社团活动时间

三、活动对象：篆刻社团学生

四、指导教师：王锦辉

五、活动目标

1. 了解篆刻的历史、字体、刀法等基本知识与技法，感受篆刻文化的博大精深，增强文化自信。

2. 通过挑选鹅卵石、设计、篆刻、修整等环节，培养学生的动手操作能力，感悟工匠精神。

3. 通过合作安放鹅卵石篆刻文化作品，引导学生在体验体力劳动的同时，感受用劳动创造校园美好环境的成就感和幸福感，增强爱校意识。

六、活动过程

（一）学习篆刻知识

1. 教师展示优秀篆刻作品，激发学生对篆刻的兴趣，让学生感受篆刻文化的魅力和精妙之处。

2. 教师讲授篆刻的历史、字体、刀法等基本知识和技巧。

3. 教师进行篆刻操作示范，指导学生练习篆刻技艺。

篆刻教学

（二）挑选搬运鹅卵石

师生与工人师傅一起到太和镇涪江边挑选合适的鹅卵石，并搬运到学校。

（三）制作篆刻文化作品

1. 选面。让学生仔细观察鹅卵石的外观，根据各面的形状、颜色、纹理等找到合适的创作面。

观察鹅卵石

2. 设计。根据篆刻面去构图，精心设计“×号基地”等文字。

3. 篆刻。按照设计方案，运用所学的篆刻技术，在鹅卵石上进行创作。考虑到鹅卵石质地坚硬，且使用电动工具等会存在安全隐患，学生多采取用篆书书写的方式进行创作。

设计制作

4. 打磨。对篆刻内容进行精心修饰和打磨，使其更加美观，保存更加长久。

（四）安放作品

1. 选点。选择合适的安放位置，以确保作品安放后既美观，又便于观看。

2. 安放。与工人师傅一起搬运篆刻文化作品，安放到预先找好的地点，并确保行人安全。

3. 拍照。每安放好一处作品，学生就及时拍照保存，以便后期管理查找。

部分安放好的篆刻文化作品

七、活动成效

1. 鹅卵石篆刻文化作品美化了校园环境。

2. 篆刻作品在合川区承办的“面向2035”全国性教育盛会上展出。

3. 该课程被评为重庆市普通高中精品选修课程。

现场展示

领导、专家留言

篆刻文化作品展览

案例简评

该篆刻文化作品实践活动，体现了"劳动+"型综合实践活动的五个特征。

【劳动性】在制作的过程中，学生通过挑选鹅卵石、搬运鹅卵石、篆刻作品、安放作品等活动，充分运用了体力和脑力，体现了劳动性。

【整合性】该活动综合了篆刻、文化、艺术、设计等知识，整合了校内外的人力资源和本地的矿产资源。

【探究性】设计作品时，需要选择鹅卵石的创作面以及所用字体、技法，并要根据鹅卵石的形状、纹理、颜色等巧妙地进行创作，因此，活动具有探究性。

【创造性】该活动利用篆刻技艺，根据鹅卵石的外形等特点创作篆刻文化作品，彰显了学生的创新创造精神，初步培养了学生的想象力和创造力。

【反思性】在活动中，学生随时对自己的篆刻作品进行评判，不断地修改和完善，增强了学生的反思意识和能力。

第三节 "劳动+服务"活动让学生表现美

中共中央办公厅、国务院办公厅印发的《关于全面加强和改进新时代学校美育工作的意见》提出，大力推广惠及全体学生的合唱、合奏、集体舞、课本剧、艺术实践工作坊和博物馆、非遗展示传习场所体验学习等实践活动。美育是审美教育、情操教育、心灵教育，也是丰富想象力和培养创新意识的教育，能提升审美素养、陶冶情操、温润心灵、激发创新创造活力。

学校通过开展"劳动+服务"美育实践活动，突出活动的劳动性、整合性、探究性、创造性和反思性，让学生在服务活动中不断地表现美、体验美，培养学生表现美的能力和美育素养。其一，学生通过才艺展演表现美。例如，学生组织策划"慰问养老院老人"服务活动，为老人们唱歌、跳舞、演奏乐器等，在展示才艺和表现美的过程中，自己也得到了很好的锻炼和成长。其二，学生通过创作文学作品表现美。比如在"和韵生辉·翰墨飘香"书法比赛中，学生即兴创作书法作品，引导学生制作优秀书法作品展板、视频等，让学生表现美。其三，将对联社团学生创作的优秀对联，打造成"和雅廊"对联文化长廊，展示了优秀楹联文化的美。第四，在烘焙社制作美食、展示美食、分享美食的过程中，培养学生的生活能力和创造美、表现美的能力。

案例

慕斯蛋糕的制作与分享

◆蒙 立◆

一、活动地点:学校烘焙室

二、活动时间:社团活动时间

三、活动对象:烘焙社团学生

四、指导教师:蒙立

五、活动目标

1.通过采买制作慕斯蛋糕的器具和食材,体验采买劳动的乐趣,培养学生的劳动意识和生活能力。

2.通过合作探究制作慕斯蛋糕,培养学生的团队意识、合作能力和生活技能。

3.通过分享慕斯蛋糕,感受分享劳动成果带来的快乐,培养学生良好的生活品质与交际能力。

六、活动过程

1.学生分组。学生30人,自愿组合,5人一组,自荐组长。

2.分组策划。在组长的带领下,学生先在网上查阅制作慕斯蛋糕的视频和所需要的各种材料,并敲定慕斯蛋糕配方,以经济实惠为原则,选择采买渠道。

3.各组采买。分组采买制作慕斯蛋糕的材料,如吉利丁片、奶油、酸奶、白糖、黄油、饼干、水果等。此外,学生还买了自己喜欢的蛋糕模具、打发奶油的打蛋器、硅胶刮刀等。

4.分组创作。各小组根据自己的配方制作。例如:有小组决定做杧果口味的慕斯蛋糕,他们分工协作,有的同学负责拍照和协助;有的同学负责削杧果皮,将削好的杧果一部分打成果酱,一部分切成果丁;有的同学负责捣碎饼干、融化黄油,并将饼干碎和融化的黄油混合制成蛋糕的打底部分;有的同学在老师的指导下打发淡奶油,有的同学负责将杧果果酱和吉利丁片放一起,隔水加热至吉利丁片完全融化在果酱里面,将其与打发好的淡奶油和酸奶按比例混合并顺时针搅拌,制成蛋糕的浆料部分。完成以上步骤后,将精心制作好的蛋糕浆料倒入准备好的蛋糕模具中,冷藏凝固定型，再制作蛋糕的表层，在表层撒上糖霜、铺上水果等进行装饰。

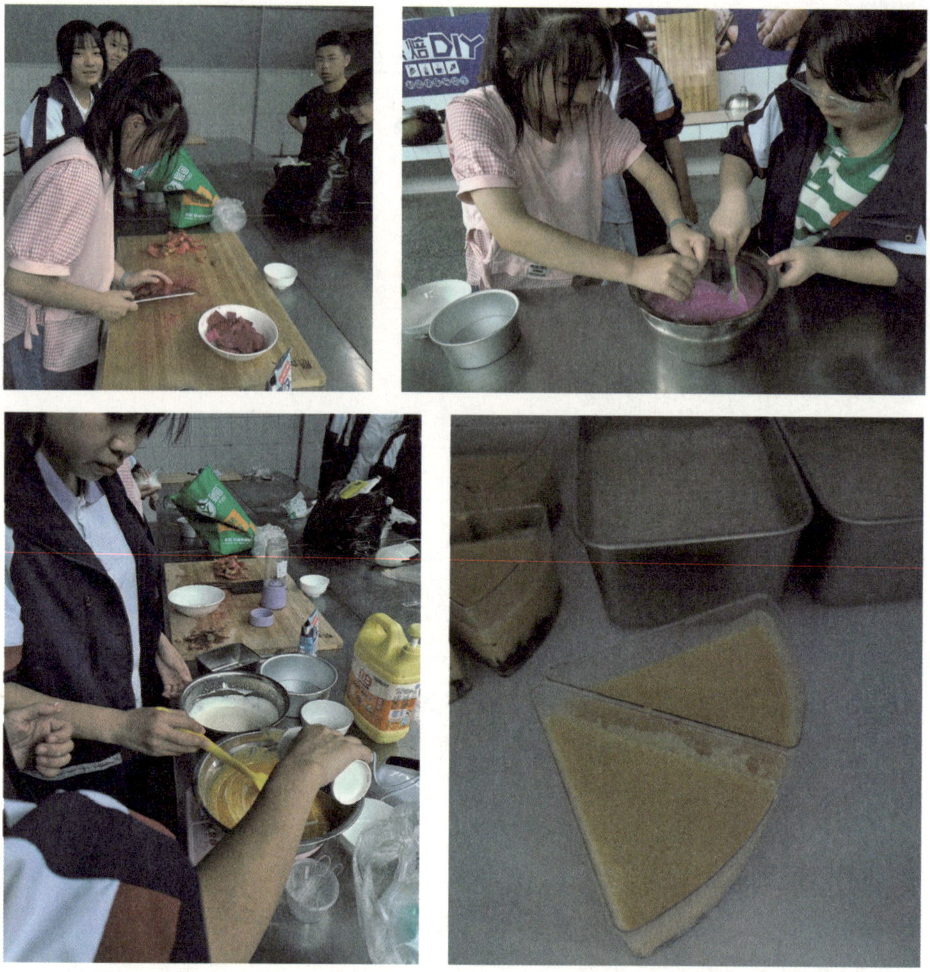

制作蛋糕

5. 分享蛋糕。先在组内分享自己的蛋糕，再在班上互相分享，邀请指导老师和班主任等进行品尝，感受分享带来的乐趣和劳动带来的成就感。

装盘

6. 总结反思。各小组制作慕斯蛋糕制作的PPT或视频，先在组内交流心得，然后推荐代表在班上分享心得。

七、活动成效

1. 各小组展示制作的蛋糕。

2. 将蛋糕拿给老师和同学分享。

学生售卖食品

案例简评

该生活实践案例，体现了“劳动+”型综合实践活动的五个特征。

【劳动性】有采买材料和食材等体力劳动，有融化黄油、吉利丁片，切水果、做果酱、装模脱模等工艺劳动；有摄像、制作PPT或视频等新业态劳动。

【整合性】活动融合了劳动、美术、艺术等学科知识；综合了采买、制作、分享等活动，发挥了烘焙社团学生的集体智慧。

【探究性】学生通过查找慕斯蛋糕的配方、制作流程，并在此基础上改进配方和制作工艺，制作出了各种口味和形状各异的蛋糕。

【创造性】学生在制作工艺上大胆创新，制作自己的配方，研制新口味，并用不同的食材来装饰自己的慕斯蛋糕。

【反思性】学生在活动中不断总结反思，研制出自己满意的配方并制成蛋糕，撰写活动心得，在活动总结会上分享活动的心得和花絮。

第四节 “劳动+基地”活动让学生发现美

中共中央办公厅、国务院办公厅印发的《关于全面加强和改进新时代学校美育工作的意见》指出，美是纯洁道德、丰富精神的重要源泉。美育是审美教育、情操教育、心灵教育，也是丰富想象力和培养创新意识的教育，能提升审美素养、陶冶情操、温润心灵、激发创新创造活力。

著名雕塑家罗丹说过，“世界上不是缺少美，而是缺少发现美的眼睛。”我们开展“劳动+基地”美育实践活动，突出活动的劳动性、整合性、探究性、创造性和反思性，就是要让学生在真实的活动中去发现美、创造美，培养学生发现美的能力和审美素养。比如，标本制作社以学校附近古楼山出土的马门溪龙为题材，创设“马门溪龙叶脉贴画”活动，通过选叶、处理叶脉、设计马门溪龙框架、贴叶脉等活动，引导学生发现身边的地域文化美。又如，十字绣选修课的学生利用所学知识，集体设计并创作了陶行知名言十字绣作品，通过此活动引导学生发掘本土教育家陶行知先生生活教育理论的文化美，并通过十字绣的方式去创造美。

案例

制作陶行知名言十字绣作品

◆ 付艳婷 ◆

一、活动地点：十字绣教室

二、活动时间：选修课活动时间

三、活动对象：十字绣选修学生

四、指导教师：付艳婷

五、活动目标

1. 了解教育家陶行知先生的生平与生活教育理论，以制作十字绣的方式缅怀其教育理念和奉献精神，增强学生的文化自信。

2. 通过制作陶行知名言十字绣，引导学生学习十字绣技艺，体验劳动带来的快乐，感受十字绣的文化魅力。

3. 通过合作探究制作，培养学生的团队意识和协作能力。

六、活动过程

1. 分组。学生自愿组合，5人一组，自选组长。

2. 查找名言。学生或到图书馆，或通过网络查找陶行知先生的名言，通过小组讨论，最终确定了“捧着一颗心来，不带半根草去”“生活即教育”“社会即学校”“教学做合一”等名言。

3. 设计图样。各小组合作探究、大胆创新、集体策划，设计十字绣名言图样。

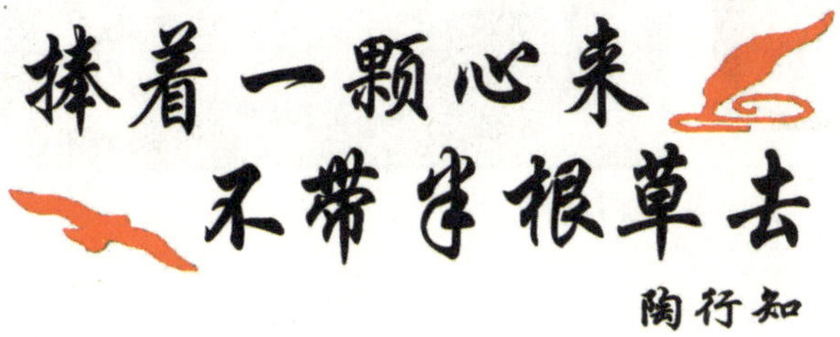

十字绣名言图样

4. 绣制。各小组将“捧着一颗心来，不带半根草去”“生活即教育”“社会即学校”“教学做合一”等名言图样，用水溶笔转绘到十字绣专用布进行绣制创作。

绣制陶行知名言

5. 装裱。在老师的指导下，学生洗干净本组制作的十字绣作品进行晾晒，购买装裱材料进行装裱。

6. 展览作品。作品被放置在学校的市级普通高中综合实践活动课程创新基地展览室长期展览，营造创造美、体验美的文化氛围。

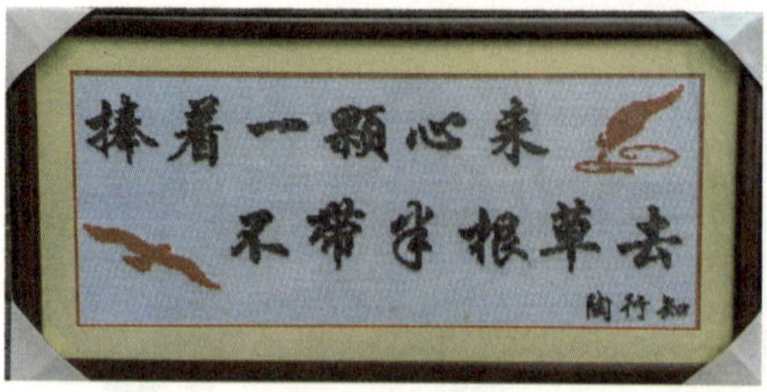

陶行知名言十字绣作品

7. 总结反思。召开总结会，各小组交流作品创作心得，反思作品的不足。

七、活动成效

1. 作品在学校承建的市级普通高中综合实践活动课程创新基地展览室展出。

2. 作品在合川区承办的“面向2035”全国性教育盛会上展出，获得与会者好评。

案例简评

该实践活动体现了“劳动+”型综合实践活动的五个特征。

【劳动性】有查找资料、作品创意设计等脑力劳动；有动手绘画、绣花、装裱、办展览等手工劳动；有摄像、录制视频等新业态劳动。

【整合性】该活动融合了历史、美术、数学等学科知识；综合了绘画、装裱、展览等活动，整合了十字绣社团学生的力量。

【探究性】学生查找陶行知的名言、生活教育理论、教育故事等，探究绘画、绣制、装裱等技法。

【创造性】学生开展作品创意设计、创造性绣制、创新性装裱、创造性展览等。

【反思性】学生进行活动反思，总结得失，分享活动成果和花絮，撰写活动心得等。

第五节 “劳动+创造”活动让学生创造美

学校通过开展“劳动+创造”美育实践活动，突出活动的劳动性、整合性、探究性、创造性和反思性，让学生在活动中不断地运用所学的美育知识去创造美，培养学生创造美的能力和美育素养。2023年12月，《教育部关于全面实施学校美育浸润行动的通知》要求，激发创新创造活力的功能；全面提升学生文化理解、审美感知、艺术表现、创意实践等核心素养；尊重和保护学生的兴趣爱好和个性特点，全面考查学生发现美、感受美、表现美、鉴赏美、创造美的能力。

比如，学校通过设置音乐班、美术班、舞蹈班等艺术班和声乐、剪纸、篆刻、涂鸦等社团，培养学生的艺术爱好和创造美的能力，引导学生去创造美的作品。近年来，学生获得了重庆市中小学生才艺大赛（高中组）声乐类（民族唱法）一等奖、市乡村学校少年宫书画大赛一等奖等30余个奖项。又如，通过烘焙糕点的活动，让学生创作美食并展示分享。再如，剪纸社团开展“陶行知肖像、生平与名言”项目化研究，通过精心策划、搜集资料、潜心创作，制作出了长达23米长的陶行知生平事迹剪纸长卷，并在合川承办的“面向2035”全国性教育盛会上展出。

案例

制作陶行知生平事迹剪纸长卷

◆ 郑 红 ◆

一、活动地点：剪纸教室

二、活动时间：社团活动时间

三、活动对象：剪纸社团学生

四、指导教师：郑红

五、活动目标

1.通过查找资料制作剪纸长卷，了解教育家陶行知先生的生平与教育理论等，缅怀其教育理念和奉献精神，增强学生的文化自信。

2.通过制作陶行知生平事迹剪纸长卷，提升学生的剪纸技艺和艺术素养。

3. 通过创作剪纸长卷，引导学生体验劳动的快乐，感受剪纸的文化魅力。

4. 通过合作探究制作剪纸长卷，培养学生的团队意识和合作能力。

六、活动过程

1. 学生分组。在老师的指导下，学生自愿组合，分成陶行知生平组、肖像组、教育名言组、教育故事组4个小组。各组自选组长。

2. 分工策划。各组学生在组长带领下，先到图书馆或网上查找陶行知先生的生平与教育理论资料，然后在班上集体讨论，将陶行知的生平大致划分为几个阶段，每个小组承担某（几）个阶段的创作任务。例如：负责陶行知不同时期肖像剪纸的小组，选出一些陶行知先生的最佳肖像图片；负责陶行知教育名言剪纸的小组，列出陶行知先生影响较大、流行较广的名言，如“千教万教教人求真，千学万学学做真人”“行是知之始，知是行之成”“捧着一颗心来，不带半根草去”“生活即教育”“社会即学校”“教学做合一”等；负责陶行知教育故事剪纸的小组，查找几个最典型的故事，如《四颗糖的故事》；负责陶行知在合川草街古圣寺办育才学校旧貌剪纸的小组，在老师组织下前往校址参观拍照；等等。

3. 分组创作。各小组按照分工大胆创新、合作探究，集中进行创作，完成剪纸作品初样。

4. 拭拼打磨。将各小组创作的剪纸作品，试拼成剪纸长卷，并进行讨论修改，最终定稿。

5. 精心装裱。在老师的指导下，精心拼接各小组的剪纸作品，在装裱师傅的指导下，师生最终完成体现陶行知先生生平和教育理论的23米剪纸长卷。

6. 展览作品。在学校展示剪纸长卷，营造表现美、创造美的氛围。

7. 总结反思。召开总结会，各小组制作活动PPT或视频，交流活动心得，固化活动成果。

七、活动成效

1. 该作品在合川区承办的“面向2035”全国性教育盛会上展出，获与会者好评。

2. 该作品在2023年重庆市未成年人“我劳动·我快乐”展演活动现场展览，学生展示了制作工艺。

现场剪纸与展览

3. 该作品在学校市级普通高中综合实践活动课程创新基地展览室长期展出。

案例简评

该实践案例，体现了“劳动+”型综合实践活动的五个特征。

【劳动性】有查找资料、作品创意设计等脑力劳动；有动手剪、拼、裱（专业人士指导）、办展览等手工劳动；有摄像、制作PPT或视频等新业态、新技术劳动。

【整合性】该活动融合了语文、美术、数学等学科知识和剪纸等；综合了绘画、剪纸、装裱、展览等活动，整合了剪纸社团学生的力量。

【探究性】学生查找陶行知的生平、教育理论、教育故事等，探究绘画、剪纸、装裱等技法。

【创造性】学生开展作品创意设计、创造性剪纸、创新性装裱、创造性展览等。

【反思性】学生进行活动反思，总结得失，分享活动成果和花絮，撰写活动心得等。

第七章
“劳动+”型综合
实践活动与劳动教育

2020年3月，中共中央、国务院《关于全面加强新时代大中小学劳动教育的意见》强调，把劳动教育纳入人才培养全过程，贯通大中小学各学段，贯穿家庭、学校、社会各方面，与德育、智育、体育、美育相融合……注重教育实效，实现知行合一，促进学生形成正确的世界观、人生观、价值观。

劳动教育对学生的成长具有重要作用。党的教育方针提出，教育必须与生产劳动和社会实践相结合。苏霍姆林斯基指出，“没有劳动，人就会退化，变成卑鄙可恶的生物”。学校依托“两基地一农场一中心”开展“劳动+”型综合实践活动，丰富劳动的内容和形式，深化劳动教育，提升学生的劳动素养。

近年来，学校通过开展“劳动+”型综合实践活动，培养了学生勤俭、奋斗、创新、奉献的劳动精神，促进了“以劳树德、以劳增智、以劳强体、以劳育美、以劳创新”的教育理念，学校成了合川区劳动教育特色示范学校，初步形成了“和乐劳动”课程体系。

第一节　“劳动+课程”活动增强学生劳动意识

中共中央、国务院《关于全面加强新时代大中小学劳动教育的意见》强调，劳动教育是中国特色社会主义教育制度的重要内容，直接决定社会主义建设者和接班人的劳动精神面貌、劳动价值取向和劳动技能水平；劳动教育是国民教育体系的重要内容，是学生成长的必要途径，具有树德、增智、强体、育美的综合育人价值。一方面，学校通过“劳动+课程”让学生接受劳动教育，增强学生的劳动意识。在学科教学中融入劳模事迹、劳动精神等，提升学生的劳动认知，培养学生的劳动意识。另一方面，学校开展“劳动+课程”实践活动，突出活动的劳动性、整合性、探究性、创造性和反思性，让学生在真实的劳动中学习到劳动知识，增强学生的劳动意识。比如，开展“和韵生辉·崇劳励志”劳动周活动，通过课中学劳动、课后讲劳动者故事、校内外基地劳作、撰写劳动征文、展示劳动成果等活动方式，强化学生的劳动意识。

案例

玉米的种植采收加工与义卖

◆ 李彦 敖向健 ◆

一、活动地点：校内劳动实践基地

二、活动时间：每周二下午第四节课

三、活动对象：“园中葵”种植社学生

四、指导教师：李彦、敖向健

五、活动目标

1. 让学生在种、养、育、护、收、加工、义卖等过程中受到教育，培养学生的劳动观念、劳动动能、劳动习惯、劳动品质与劳动精神。

2. 让学生观察玉米的生长过程，培养学生发现问题并合作探究解决问题的能力。

3. 让学生在收割、加工、义卖玉米等过程中感受劳动的伟大与崇高，享受劳动成果带来的幸福与喜悦。

六、活动过程

1. 分工。确定社长、财务管理、物资采购等成员。社长主要负责上传下达、活动统筹等工作；财务管理由2名同学负责，一个负责记账，另一个负责实物管理；物资采购人员负责网络购物，购买玉米种子、有机肥、喷壶、水管、园艺铲等。

2. 选种。社团研讨，确定玉米种子，由物资采购、财务管理人员共同采买。

播种玉米

生长中的玉米

3. 配土。种植园泥土板结黏腻、缺乏植物所需养分，需要配土改良。学生在教师的指导下，按照“原土:腐殖土:椰糠:珍珠岩=4:3:2:1”的比例进行配土。

4. 播种：将玉米种子浸泡3～4小时，以便其能尽快发苗。种植花箱按每行间距40～50厘米播种，每窝播种2～3粒，一箱播种两行。

5. 养护：主要有施肥、浇水、除草、除虫等。使用羊粪等有机肥施肥，肥效好不烧根。浇水尽量避免浇在叶心位置。及时除杂草，保护养分。幼苗长出后，剔除发育不好的幼苗，进行补苗，每窝只保留两株。

养护玉米

6. 记录。以文字、图片、录像等方式记录。由专人记录，要求记录精确，包括记录好株高、叶片数、生长状况等数据，图片、录像等及时上传社群相册。

7. 收割。教师示范收割玉米的方法与技巧，学生集中进行收割。让学生感受丰收的喜悦，体会劳动带来的幸福。

学生收割玉米等

8. 加工。学生在学校的学生体验食堂进行加工、烹饪。学生采用了三种烹饪模式：①带壳蒸；②带壳煮；③剥壳煮。学生经由实践发现，带壳蒸的玉米味道最鲜美，其次是带壳煮的玉米。学生探究到其中的缘由：一是带壳蒸的玉米，多了一层玉米壳保护，营养流失少，清香感足；二是水蒸气的温度高于开水的温度，所用时间短。

9. 义卖。将煮好的玉米在校园进行义卖。学生设计并制作了义卖创意海报，还撰写了宣传稿在校园广播站进行宣传。最后将义卖收入存入社团资金库，供后续种植使用。

学生义卖熟玉米

10. 总结。学生反思活动全过程，撰写活动心得，内容包括劳动观念、劳动习惯与品质、劳动技能、劳动精神等方面，在小组分享。各小组策划制作PPT或视频，推荐代表在社团玉米种植经验总结会上展示。

七、活动成效

1.2022年本种植社团获得了合川区中小学（幼儿园）德育品牌称号。

2.2022年，“重庆合川教育”公众号报道了本社团。

三 案例简评

【劳动性】选种、配土、播种、施肥、除草、除虫、浇水、收割、加工、义卖等活动，充分体现了劳动性。

【整合性】运用了生物学、美术学、农学等多学科知识，整合了指导教师、学生体验食堂等多种资源。

【合作性】在玉米种植、收割、加工、义卖等过程中，学生集体策划、团结协作，充分体现了合作性。

【探究性】在玉米选种、配土、种植、收割、加工、义卖等环节，学生合作探究，及时解决出现的问题。例如：育苗的窝深、行距、湿度等对发苗的影响；怎样加工烹饪玉米才香、才好吃；义卖前如何设计海报、布置卖场等。

【创造性】比如，在园土中加入珍珠岩、椰糠，进行土壤改良；采用带壳蒸、带壳煮、剥壳煮三种模式加工玉米，发现带壳蒸出来的玉米味道最鲜美。

【反思性】在玉米生长过程中，观察玉米的长势，反思每个种植环节的得失；完成玉米的收割、加工、义卖后，社团召开了玉米种植经验总结会。

第二节　“劳动+生活”活动培养学生劳动习惯

“劳动+生活”实践活动，包括学生的家庭生活活动和学校日常生活活动。一方面，家庭要注意培养学生的劳动习惯。中共中央、国务院《关于全面加强新时代大中小学劳动教育的意见》强调，家庭要树立崇尚劳动的良好家风，家长要通过日常生活的言传身教、潜移默化，让孩子养成从小爱劳动的好习惯。另一方面，学校开展“劳动+生活”实践活动，突出活动的劳动性、整合性、探究性、创造性和反思性，就是要培养学生的劳动习惯。比如，引导学生打扫教室、寝室、公共场所，做好寝室等内务整理，培养学生的劳动习惯。又如，开展“节约粮食·杜绝浪费”主题活动，学生经历宣传演讲、就餐监督、办展板、写感想等活动过程，培养学生爱惜粮食、勤俭节约的习惯。再如，开展外来物种调查实践活动，教师精心设计活动方案，收到了很好的实践效果。该活动不仅提高了学生对外来物种危害的认识，增强了学生保护本地植物的意识，还培养了学生的综合素养。该教师设计活动案例，公开发表在了《中学生物学》2022年第7期。

案例

“太和镇外来入侵植物调查”活动设计

李奇龙

外来植物是指在一个特定地域的生态系统中，不是本地自然发生和进化而来，而是通过不同的途径从其他地区传播过来的植物。外来植物如果能够在自然状态下获得生长和繁殖，并且对人类的生产与生活、对本地的动植物生存与生态系统带来严重的危害，就构成了外来植物的入侵。

外来入侵植物由于对环境的适应能力、生存能力与繁殖能力强，且当地缺乏控制其无序生长的天敌，再加上外来入侵植物对资源与环境的竞争力强，人为干扰后恢复快，能破坏当地的生态链与食物链，威胁生物多样性，导致生态环境发生改变，粮食减产甚至土地荒芜并带来巨大的经济损失，严重威胁人类与家畜的健康和安全。

太和镇外来入侵植物调查是重庆市领雁工程“初中综合活动课程创新基地”项目的实践活动课程之一，是我校为发展学生的“探究常能”，培养学生的实践能力、创新能力与调查能力而开发的一项活动课程。该项调查活动的地点为太和镇周边环境。该项调查活动主要利用延时服务时间与学生周末时间进行。

1.活动设计

1.1 活动目标

为推动生态文明教育融入学校教育、家庭教育和社会教育，积极倡导并落实2020年《生物多样性公约》第十五次缔约方大会(COP15)的精神，积极发挥青少年在生物多样性宣传教育工作中的主力作用。根据教育部《中国学生发展核心素养》和《中小学综合实践活动课程指导纲要》为指导，以“劳动和实践”为切入点，基于发展学生的“新二十三常能”为目标。通过本次社会实践活动，让学生认识生物多样性对生态环境与人类的意义，在实践过程中灵活运用所学知识解决实际问题的能力，培养善合作、善反思、善探究的能力。具体活动目标有：

(1)认识生物多样性存在的意义；

(2)参与社会实践与社会调查，倡导与落实《生物多样性保护公约》的精神；

(3)建立社团组织，培养团队精神与合作学习的能力；

(4)通过调查活动，培养会发现、善反思的能力，形成创新性思维，培养科学探究的精神与创新实践的能力；

(5)参加重庆市生物多样性探究大赛。

1.2 主题情境

联合国《生物多样性公约》第十五次缔约方大会(COP15)于2021年10月在我国云南昆明举办，大会的主题为“生态文明：共建地球生命共同体”。为了宣传与落实联合国《生物多样性公约》的精神，认识保护生物多样性的意义，保护好太和镇的生态环境，践行“绿水青山就是金山银山”的生态文明理念，促进人与自然和谐共生，所以选择调查太和镇石岭村外来入侵植物的社会实践活动。

1.3 活动任务

该项调查活动由5项任务组成：

(1)调查太和镇外来入侵植物种类、分布及生存状态；

(2)发现问题，提出建议，撰写调查报告；

(3)宣传外来入侵植物的危害，提高群众对生物多样性保护的意识；

(4)撰写活动感想或美篇，分享实践收获；

(5)参加重庆市青少年生物多样性探究大赛。

1.4 学习资源

(1)《中国的生物多样性保护》白皮书，国务院。

(2)《中国外来入侵物种名单》(第一批名单16个)，国家环保总局与中国科学院联合发布，2003年1月10日。

(3)《中国外来入侵物种名单》(第二批名单19个)，环境保护部和中国科学院联合制订，环境保护部于2010年1月7日发布。

(4)《中国外来入侵物种名单》(第三批名单18个)，环境保护部办公厅于2014年8月20日发布。

(5)《中国外来入侵物种名单》(第四批名单19个)，环境保护部办公厅于2016年12月20日发布。

(6)网络上其他有关外来入侵生物及其危害的相关资料。

1.5 学习活动

(1)活动准备：学生成立太和镇外来入侵植物调查小组。教师对调查小组成员进行调查前的技术培训与安全培训。各小组划分调查范围及分工。

(2)走访获取外来入侵植物相关情况：调查小组成员与“太和镇农业服务中心”相关工作人员进行采访，了解太和镇常见外来植物入侵的相关情况。

(3)实地调查：学生准备调查工具，划定调查范围，并确定外来入侵植物种类、分布范围、生长环境、生长状况、危害程度等主要调查内容。

(4)各组整理调查数据:各小组将本次调查活动所取得的数据录入电脑,对录入过程中发现的异常数据进行复核,以保证数据的真实、准确与可靠。

(5)各组分析数据:通过对太和镇外来入侵植物的实地调查走访与实地观察测量,各组将获取的相关数据经核实后,遵循实事求是的原则对太和镇外来入侵植物的分布范围、生长状况、危害情况进行汇总分析,对外来生物入侵存在的问题,提出预防外来入侵植物的合理建议。

(6)撰写报告:各组根据对太和镇外来入侵植物的调查走访与实地观察、测量所得的数据,采取数据分析与实际比对相结合的方法,分析问题、得出结论。对在调查过程中发现的外来入侵植物对人类、农业生产、生态环境、当地生物多样性的危害和影响提出相应的意见或建议,并反映在《太和镇外来入侵植物调查报告》上,为当地政府和生态环境保护部门提供参考。

(7)参加重庆市青少年生物多样性探究大赛:各组通过对太和镇外来入侵植物的观察、识别与调查活动,认识外来入侵植物对生态环境与生物多样性的危害,以实际行动践行"人与自然是命运共同体,共建万物和谐的美丽家园"的生态文明理念。同时,以本次调查实践活动获得的相关资料及实践方法,撰写生物多样性调查报告参加重庆市第二届青少年生物多样性探究大赛。

1.6 活动评价

评价有激励导向作用,能调动学生参加活动的积极性。在本次调查活动中,教师从学生的态度、出勤、报告质量等方面进行综合评价,设置了优、及格、不及格三个等次。活动当天,教师评出小组优秀学员;活动结束后,评出一名太中"环保小卫士"。

2. 教学反思

学生通过对太和镇外来入侵植物的实地走访调查,清楚了太和镇外来入侵植物的种类、分布及危害等基本情况。且发现太和镇人民政府的相关管理人员在预防和消除外来入侵植物方面存在侥幸心理,具体表现在重视不够、宣传不力、预防不到位、铲除无措施。这些外来入侵植物的适应性、生存力、繁殖性极强,加上当地没有天敌,迅速繁衍对当地的生态系统、土壤环境、粮食生产、人类生活、家禽家畜养殖与野生动植物的健康与安全带来严重危害。

通过"太和镇外来入侵植物调查"的社会实践活动,学生在实地观察与调查活动中,明白了外来入侵植物的概念,了解到了外来入侵植物的危害,提高了生态环境保护意识，加强了生物多样性的保护，发展了创新思维与实践动手能力，培养了运用所学知识分析问题与解决问题的能力，促进了全面发展与健康成长，从而实现实践育人的目标。

3.活动中有可能出现的问题及措施

（1）不能准确识别外来入侵植物。教师要做好培训工作，利用网上学习和线下培训相结合的方式，使学生认识我市或我区常见外来入侵植物，如紫茎泽兰、空心莲子草、落葵薯、红花酢浆草、白花（三叶）鬼针草、豚草、菟丝子（寄生植物）等。

（2）学生对于外来入侵植物的危害性认识不足。教师可通过培训学习、网上学习、现场学习等方式来解决。

（3）发现外来入侵植物后，学生应报告相关部门处理、拔出或铲除、烧毁。

（4）各组的职责或分工不清。除了全员培训外，教师要重点要做好小组长的培训。在校外实践时，教师要特别强调社团成员要服从小组长的安排与指导，在小组长的指导下按照既定的调查步骤分工完成。

（5）教师还要强调外出纪律，禁止乱吃，乱尝野果。

（原载《中学生物学》2022年第7期）

第三节 “劳动+服务”活动端正学生劳动态度

中共中央、国务院《关于全面加强新时代大中小学劳动教育的意见》强调，把准劳动教育价值取向，引导学生树立正确的劳动观，崇尚劳动、尊重劳动，增强对劳动人民的感情，报效国家，奉献社会。

学校通过开展“劳动+服务”实践活动，突出活动的劳动性、整合性、探究性、创造性和反思性，让学生在服务中体验到劳动意义、快乐和幸福，从而端正学生的劳动态度。比如，不定期到福利院、烈士陵园参加服务性劳动和活动，有利于端正学生的劳动态度，增强学生的奉献意识和劳动情感。又如，开展太和镇涪江水资源保护调查，将调查报告提供给太和镇政府，从而为太和镇人民的生活生产和经济的可持续发展服务。

案例

太和镇涪江水资源保护调查报告

◆ 学生:何诗艺、郑基玮、左坤红、廖敏、聂风玲等 ◆
◆ 指导教师:李奇龙　李正英 ◆

为了营造“学科学、爱科学、讲科学、用科学”的氛围，引导青少年发现和探究身边的科学问题，积极参与探究性学习和科技创新实践活动，培养学生的创新精神与实践能力，特开展太和镇涪江水资源保护调查活动。

水是生命之源，是地球上一切生命赖以生存的物质基础。涪江哺育了巴蜀勤劳的人民，孕育了独特的巴蜀文化。保护环境，从自身做起，我们应做守护“蓝天与碧水”的带头人，为促进我国的生态文明建设贡献自己的力量。

本次活动得到太和镇政府、学校的高度重视，得到太和镇污水处理厂、富金坝水电站等单位的大力支持。

一、活动时间

在周末或节假日进行。

二、活动地点

太和镇污水处理厂、富金坝水电站、打柴沟溪等。

三、活动内容

1. 参观涪江富金坝航电枢纽工程，了解发电、航运、防洪、生态环境保护对鱼类洄游、繁殖与产卵的影响。

2. 参观太和镇污水处理厂，了解污水产生的原因、处理原理及排放标准。

3. 了解太和镇政府为了保护涪江水采取的措施，通过亲身体验，感受太和镇在环境卫生、水资源保护、污水处理等方面取得的成绩。

4. 捡拾涪江太和镇段河岸的垃圾。

四、活动准备

(一)器材

皮尺、10米钢卷尺、照相机、望远镜、笔、调查表、笔记本、标签、pH试纸、取水瓶等。

(二)人员分工

初2021级何诗艺、郑基玮、左坤红、廖敏、聂凤玲等20位同学参加活动,分为影像拍摄、样品保管与贴标签、采访与数据记录、样品采集与排污口观察4个组,各小组设组长1人,安全管理员1人。本次活动指导教师有李奇龙、李正英等。

李奇龙老师负责制订、组织实施活动方案、撰写调查报告等,李正英老师主要负责学生的安全、纪律、器材管理等。

五、活动过程

(一)调查前的培训

1.明确保护水资源的意义

保护涪江水资源,是太和镇发展沿江经济、建设生态文明与宜居城镇、实现人类与生态环境可持续发展的必由之路。

2.江(河)水自我净化能力

在自然状态下,细菌分解有机物的能力最强,它将水体中的有机物分解为无机物并从中获取营养物质和能量;水体中的无机物又被藻类植物吸收转化为自身细胞,这些细菌与藻类又成为原生动物的食物,而水中的鱼常以原生动物等微小生物为食。水体中各种生物通过这种食物链关系,使水体得以净化,从而完成自然界的物质循环。水体中溶解氧、生化需氧量、总有机碳、总需氧量等是反映水体中有机物污染程度的重要指标,而水中的含氧量与河水的流速有一定的关系,所以有“流水不腐”的说法。

(二)参观涪江富金坝航电枢纽工程,了解该工程对涪江水资源的影响

1.听取涪江富金坝航电枢纽工程介绍

涪江富金坝航电枢纽工程是涪江干流重庆段航运自上而下的第三级,工程位于合川区太和镇上游约2公里,上游与潼南电厂尾水衔接,下游与铜梁安居电站回水衔接。是一个以航运为主、航电结合、以电促航等综合水运枢纽工程。

2.涪江富金坝航电枢纽工程对涪江流域生态环境的影响

涪江富金坝航电枢纽工程在发电、航运、防洪、生态修复等方面具有重要作用,它改变了当地的生态环境,大坝上游因蓄水使江面明显变宽,许多小溪流变小河沟,呈现出高峡平湖的状态,湿地面积增大,生态环境得到明显改善,成为鱼类与鸟类的天堂与乐园,生物多样性逐步恢复。而大坝下游太和镇段江水的流动性明显减

弱,水体自我净化能力降低,水质变差,水体富营养化导致藻类迅速生长。尤其是电站大坝对涪江的截流,改变了大坝下游太和镇段的生态环境,对涪江洄游野生鱼类的繁殖产卵带来较为严重的影响。

(三)参观太和镇污水处理厂,了解污水处理的原理及意义

1.听取太和镇污水处理厂工作人员介绍

太和镇污水处理厂位于太和镇涪江以东的红石盘,占地面积15008平方米,总投资约3013.92万元,采用CASS工艺,设计处理能力为5000立方米/日,处理后的水质达《城镇污水处理厂污染物排放标准》(GB18918—2002)一级B类标准。该厂于2017年1月建成后投入使用,主要处理太和镇居民生活污水,服务人口约5万人。

2.污水来源

污水主要包括生活污水与工业污水,其中引起水体发黑发臭的主要原因是有机物污染。这些有机污染物主要包括碳水化合物、蛋白质、脂肪、氨基酸等形式存在的天然有机物质及某些可生物降解人工合成的有机物质。它们进入水体后,使水中的物质组成发生了变化,破坏了原有的物质平衡状态。在水中溶解氧(DO)水平较高的情况下,排入水体的有机污染物质通过物理化学与生物化学反应而被分离与分解,使水体基本或完全恢复到原来的平衡状态,这称之为水的自我净化能力。如果排入水体中的有机污染物质含量较高,大量消耗了水中溶解氧,水也就失去了自我净化能力。这时有机污染物便转入厌氧腐败状态,产生硫化氢、甲烷等还原性气体,使水中动植物大量死亡,水体变黑变浑,产生恶臭,严重污染生态环境。所以水中的有机物是造成水体污染最严重的污染物,是水体变质、变黑发臭的罪魁祸首。

3.CASS污水处理原理

CASS又称为循环活性污泥工艺,居民产生的生活污水通过三级管网汇集到泵站后被抽到污水处理厂。进入厂区的生活污水首先进入粗格栅槽被去除了大颗粒漂浮物后进入调节池,然后由调节池泵入细格栅槽,再流到旋流沉砂池沉淀,实现砂水分离,最后进入CASS生化反应池。CASS生化反应池设计为两部分,前部为预反应区(生物选择区),后部为主反应区。在预反应区,微生物能通过酶的快速转移机理迅速吸附污水中的大部分可溶性有机物,经历一个高负荷的基质快速积累过程,对进水水质、水量、pH和有毒有害物质起到了较好的缓冲作用,同时对丝状菌的生长起到抑制作用,可有效防止污泥膨胀;随后在主反应区经历一个较低负荷的基质降解过程。CASS工艺集反应、沉淀、排水等功能于一体,污染物的降解在时间上

是一个推流过程，而微生物则处于好氧、缺氧、厌氧周期性变化之中，从而达到对有机污染物的去除作用，还具有较好的脱氮、除磷功能。

4. 太和镇污水处理厂工艺流程（见图7-1）

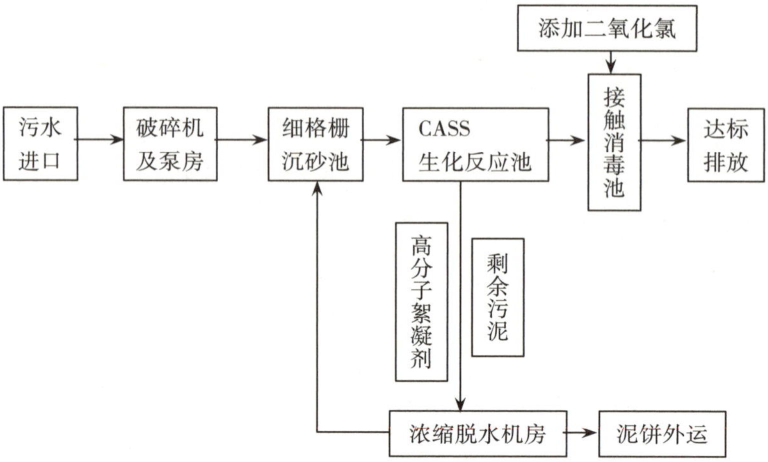

图7-1　太和镇污水处理厂工艺流程

5. 太和镇污水处理厂对涪江水资源的影响

太和镇污水处理厂从2017年1月建成投入运行，按日均处理污水2000立方米计算（太和镇污水处理厂日均实际处理污水1800—2200立方米），年均处理污水达720000立方米，至2019年12月底累计减少向涪江排放污水2160000立方米，对下游人民的生产、生活与涪江水资源保护，对我国生态环境保护与可持续发展做出了贡献。

6. 太和镇政府对环保的规划

太和镇现有城镇人口3万余人，居民生活污水及企业生产污水日均形成约1800～2000立方米，而太和镇污水处理厂日均污水处理能力为5000立方米，完全能够处理太和镇所有的生产污水与生活污水。随着合潼安高速公路的开工建设，太和镇的区位优势进一步凸显，招商引资力度加大，园区进驻企业越来越多，人居环境的不断改善，带动了太和镇镇人口的不断增加。太和镇政府未雨绸缪，对太和镇经济发展进行了重新定位。太和镇党委、政府牢记习近平总书记“绿水青山就是金山银山”的理念，秉承“发展经济，环保先行”的原则，向重庆市环保投资集团申报新建一个污水处理厂，将企业生产污水与居民生活污水分开处理。这既能有效缓解现有污水处理厂的压力，在生产污水与生活污水分开处理后，也有利于提高太和镇污水处理的质量，确保对涪江水资源保护的措施得到进一步落实，使我们的子孙后代能饮用到纯净的水源，看到远处碧绿的青山，呼吸到洁净的空气，头上还有白云与蓝天！

(四)撰写活动报告

1. 收集信息，整理数据，剖析问题

在参观过程中，要求同学做好每次活动调查日志与听取报告的记录。活动过程中发现的一些问题，可以在后期进行讨论。

2. 撰写小论文

根据在调查过程中发现的涪江水资源保护方面存在的问题，结合实地参观考察所获得的数据，从不同的角度出发，写出具有一定价值的科研小论文。

3. 撰写调查报告

调查活动结束后，同学们对本次调查活动过程中听取的报告记录、调查日志、拍摄的影像资料、走访相关单位所获取的第一手资料等进行了汇总分析。在指导老师的帮助下，同学们在总结、讨论与分析的基础上，按基本情况、存在问题、解决措施等几个方面，写出《太和镇涪江水资源保护调查报告》，提交给当地政府与区环保部门。本次调查活动形成的调查报告荣获合川区青少年科技创新大赛一等奖和重庆市青少年科技创新大赛三等奖。

六、调查的初步结论

1. 流动的水体有一定的自我净化能力，但由于富金坝拦河大坝阻断涪江，涪江大坝下游水面流速明显降低，水流量减少，江面变窄，水体自我净化能力下降，水体变脏、水生藻类植物大量繁殖漂浮于河岸。

2. 涪江富金坝航电枢纽工程大坝截断河流，导致洄游鱼类无法正常洄游完成繁殖，同时截断了上下游鱼类的联系，对涪江水生生物特别是野生鱼类洄游与繁殖产生了较大的影响。

3. 部分老旧小区或居民住房污水排放未进入污水处理管网。由于居民分散集中度不高，加上房屋自身比较老旧，部分老旧小区居民生活污水未能接入污水管网。

4. 涪江岸边沿江而居的居民有倾倒垃圾的习惯，鱼市西街一带特别严重。从上新街的观音阁一直到小甑子一带，沿江居民多为原住老居民，年龄大文化程度低，有乱倒垃圾的习惯，也有个别住户将生活污水直排的现象。

5. 太和镇工商所废弃的生猪交易市场阻碍涪江行洪，沉积泥沙。洪水来临时，

会阻碍涪江行洪，且洪水挟带的各种泥沙、垃圾及漂浮物易沉积于此处，形成一个垃圾场所。

6. 鱼市西街75号附16号外涪江岸边一污水井内有大量污水溢出至涪江内，电话告知运营单位后已解决；合川路捷美汽修厂后面的污水管道破裂，污水直接排入溪河；重庆渝州酒业酿酒生态园（原太和啤酒厂）外洞子塘处易定元墓碑石料加工厂和一个灶面石材加工厂，其生产加工石料及灶面的污水直接排入溪河；洞子塘斜对面有一个洗车场，洗车水直接排入溪河。

七、解决的措施与建议

一是加强横向联系，建构政府、学校与家庭对接的快速通道。家庭是社会的细胞，学生是联系家庭的纽带，学校要利用好家校教育平台，通过对学生进行环境与水资源保护教育，增强保护环境与水资源的意识。将政府、社区、学校、家庭联动起来，让每一个社区居民都了解和认识到环境保护与水资源保护的重要性。

二是加强巡查，严格执法。污水管网要有专人维护，防止污水跑、冒、滴、漏。对破坏污水管网、不按规定倾倒垃圾以及污水直排溪河等现象及时处理。对沿河一带居民加强教育，对屡教不改的行为与住户必须加大打击力度。

三是对举报环境污染与水源污染的个人给予奖励，并设立公开举报电话。

四是新建小区及新建企业必须要经过环评才能动工新建，污染企业绝不能引进，排放不达标的企业必须关停，老旧小区不能任其排放，要通过多种途径创造条件使它们接入镇污水管网系统。

五是可以参考三峡大坝的设计思路，在富金坝电站大坝两侧修建供洄游鱼类通过的过鱼设施——“鱼道”（据富金坝电站工作人员介绍，合川新开建的利泽电站已将供洄游鱼类通过的“鱼道”纳入工程建设规划，已建成的合川草街电站将在后续的技改中设置专项资金解决“鱼道”问题），同时在鱼类的繁殖期间实施闸门季节性开启计划，让洄游鱼类能游回到大坝上游产卵繁殖后代，鱼卵孵化后形成的幼鱼能够游回到大坝下游生长，维持鱼类的生态平衡。这样可以保证在注重经济效益的同时兼顾生态效益。

八、活动体会

（一）环境保护，重在落实

太和镇涪江水资源保护取得一定成效，主要体现在以下几方面：

1. 对太和镇环境及涪江水资源造成重大影响的小甑子及鱼市西街的垃圾山被清运。经过地方政府的宣传教育、打击与清运，这一历史遗留问题终于得到解决。

2. 太和镇企业生产与居民生活污水基本上通过三级管网被纳入镇污水处理厂，大大减少了地下水资源及区域内涪江水体的污染，太和镇居民生活环境得到明显改善，为保护三峡库区水质，改善涪江流域生态环境与促进经济的可持续发展做出了巨大的贡献。

3. 太和镇政府在新街新建垃圾转运站一个，加强了对垃圾的集中转运与处理。同时在周边设置垃圾箱共180个，引导居民将生活垃圾定点投放。加强对垃圾的回收管理与处置，改变居民乱倒垃圾的习惯，减少对环境的污染与对水资源的破坏。

4. 加强水资源的巡查保护力度，加强对企业生产与居民生活污水的集中收纳与处理。2019年，太和镇财政投入污水管网维护费达550万，建成雨水收集与污水收集管网分离系统，完成污水管网建设13公里，在佛盐、小河、木莲三个撤并场镇建成日处理污水50立方米的处理设施。同时加强对污水的收集与污水管网的日常维护，在太和镇形成的生产与生活污水通过三级管网进入了污水处理厂，场镇污水收集处理率达90%，这些污水经处理达国家一级B标后才能排放，有效保护了涪江水资源与沿江的生态环境。

5. 加强环保执法，关闭、停产、处罚了一批破坏环境与水资源的企业，对情节严重的依法追究刑事责任，从而对“屡教不改”和“罚而不改”的违法企业形成了强大的震慑力，有效杜绝了企业的随意排污行为。

（二）保护环境，从我做起

人类自诞生以来，就在不断寻找与大自然和谐共处的平衡点。人类面对自然灾害的时候，多数时候都是无能为力的。由于工业化的飞速发展以及人类对自然环境的破坏，导致全球变暖，极端气候频繁。灾难的罪魁祸首是人类，人类已经从世界各地频发的自然灾害中感受到了大自然对人类的教训。

通过本次调查活动，我们认识到环境保护不能一蹴而就，而需要一个长期的过程。在环境与水资源保护中我们不能只做一个只喊口号的旁观者，而是要做一个保护环境的践行者。环境保护，从我做起，从现在做起。所以我们在活动的最后一天下午，安排了涪江水资源保护的公益活动，参加本次调查活动的所有师生捡拾人们丢弃在涪江岸边的塑料垃圾并回收到垃圾站。通过参与这次公益活动，同学们的心灵受到震动，感受到了保护环境的严峻性与迫切性，认识到不可降解塑料垃圾对水资源的危害。

九、反思

今后开展调查活动，要预先设定一个问题或要达到的目标，让学生通过上网查阅、搜集相关资料，综合运用自己学过的各科知识来解决问题。允许学生“脑洞大开”，提出自己认为合理的方法，这有利于培养学生的创新思维，更好地发挥自己的主观能动性，增强自主学习、独立思考、协调合作的能力。

评价有激励导向作用，能调动学生参加活动的积极性。在本次调查实践活动中，我们从学生的态度、出勤、报告质量等方面进行综合评价，设置了优秀、良好、及格、不及格等四个等级。在每天的活动过程中，均要评出当天的小组优秀学员，活动结束后指导教师和全体同学一起投票评出本次活动表现最好的5位优秀学员，并赠予太中“环境保护小卫士”，并给予适当的物质奖励。在本次调查活动中，何诗艺、郑基玮、左坤红、廖敏、聂风玲等5位同学荣获这一称号。

参考文献：

[1]沈耀良，王宝贞.循环活性污泥系统(CASS)处理城市废水[J].给水排水，1999，(11)：5-8.

[2]张统.间歇式活性污泥法污水处理技术及工程实例[M].北京：化学工业出版社，2002.

太和镇涪江水资源调查活动剪影

第四节 “劳动+基地”活动培养学生劳动技能

中共中央、国务院《关于全面加强新时代大中小学劳动教育的意见》提出，普通高中要注重围绕丰富职业体验，开展服务性劳动、参加生产劳动，使学生熟练掌握一定劳动技能，理解劳动创造价值，具有劳动自立意识和主动服务他人、服务社会的情怀。我们的“劳动+基地”实践活动正是要实现这样的目标。

学校开展“劳动+基地”实践活动，突出活动的劳动性、整合性、探究性、创造性和反思性，让学生在基地劳作中运用所学的知识服务于劳动，同时，在劳动中又进一步学习劳动的知识和技能，更好地培养学生的劳动技能和劳动素养。例如，利用校内“和耕苑”农场和校外的蔬菜基地、水果基地、酒厂、缫丝厂等开展劳动和职业体验，培养学生的劳动技能。又如，“园中葵”种植社通过种玉米、收割玉米、烹饪玉米、义卖玉米、爱心捐款、写心得等活动，学生既学习了玉米种植、加工、营销等技术知识，还培养了献爱心的意识。再如，学生在校园开展植物的多样性调查研究，发现了现存于世界上最古老、最原始的维管植物——松叶蕨，并给学校设计了保护方案，学校及时行动，进行了妥善保护。

案例

校园松叶蕨的发现与保护

◆ 敖向健　李　彦 ◆

一、活动地点：太和中学和文楼前桂花林

二、活动时间：社团活动时间

三、活动对象：“园中葵”种植社学生

四、指导教师：敖向健、李彦

五、活动目标

1. 在松叶蕨的发现、鉴别、研究等活动中，培养学生的研究意识和科学精神。

2. 通过宣传、保护、制作自然笔记等活动，培养学生爱护自然环境、保护濒危物种、尊重生物多样性的意识和劳动技能。

3. 通过该实践活动，培养学生的观察能力、团结意识。

六、活动过程

1. 调查发现。种植社在校园调查植物时，意外发现了几株长相奇特的植物，植株高约15厘米，茎直立，下部无分枝，上部多为二叉分枝，小形叶、分散生长，孢子叶二叉形，孢子叶腋长着孢子囊，孢子囊多为黄色球形，豌豆大小。

发现松叶蕨

2. 查阅鉴别。社团成员使用电脑、手机等设备进行网络检索、比对分析，确定该植物为现存世界上最古老、最原始的维管植物——松叶蕨。

观察松叶蕨外形

3. 研究保护。研究发现，松叶蕨有观赏、药用和研究植物进化演变等价值。由于大家没有种植经验，不清楚松叶蕨的生长习性。通过集体研究、协商，大家一致认为应采取就地保护措施，并建议学校用围栏把植物保护起来，悬挂宣传牌，供学生开展跟踪研究性学习使用。

4. 撰写作品。社团成员对两处松叶蕨进行观察、记录、分析，撰写了生物多样性调查报告，还撰写了松叶蕨自然笔记参赛。

5. 宣传报道。在校内，利用课间校园广播进行宣传，今日头条、上游新闻等媒体进行了报道，让更多的人了解松叶蕨，增强人们的保护意识。

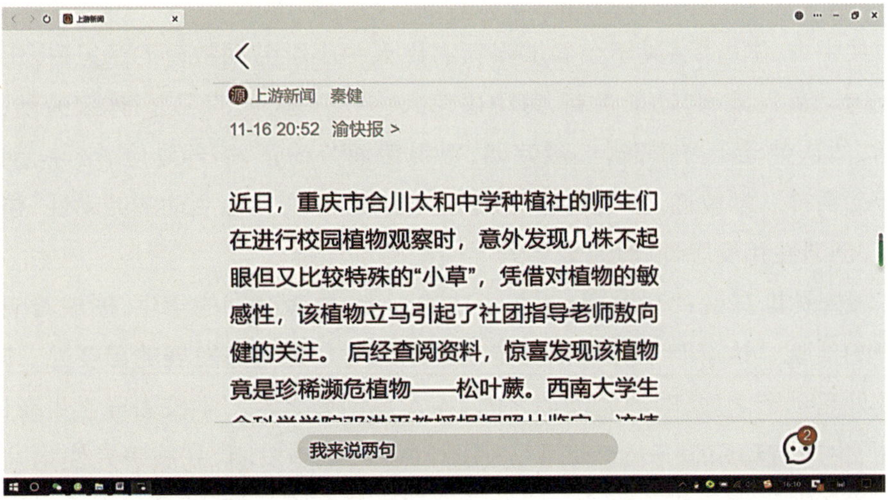

媒体报道

七、活动成效

1. 今日头条、上游新闻、少年先锋报社、网易新闻等媒体（公众号）先后多次对本次发现进行了报道。

2. 学生撰写的松叶蕨自然笔记作品参加了市级比赛。

案例简评

该实践活动体现了“劳动+”型综合实践活动的五个特征。

【劳动性】学生调查植物、查阅资料、设计围栏、制作松叶蕨保护牌等活动，体现了劳动性。

【整合性】该活动让学生体验了研究者、植物保护者、记者等多种角色，涉及与学校广播站、学校总务处等多部门的协调联系，发挥了学生团结协作的力量。

【探究性】学生多方查阅资料、研究保护方案、策划宣传报道等，充分体现了活动的探究性。

【创造性】学生创造性地宣传、撰写自然笔记等，发挥了团队的智慧和创造力。

【反思性】在整个活动过程中，学生不怕遇到的困难与挑战，不断研究反思，积极解决问题，并反思活动中的不足。以小组为单位，在社团进行了活动心得分享。

第五节　“劳动+创造”活动培养学生劳动精神

中共中央、国务院《关于全面加强新时代大中小学劳动教育的意见》提出，要牢固树立劳动最光荣、劳动最崇高、劳动最伟大、劳动最美丽的观念；体会劳动创造美好生活，体认劳动不分贵贱，热爱劳动，尊重普通劳动者，培养勤俭、奋斗、创新、奉献的劳动精神。学校通过开展“劳动+创造”实践活动，突出活动的劳动性、整合性、探究性、创造性和反思性，就是要培养学生的劳动精神。

苏霍姆林斯基说：“我发现，双手灵巧的学生，热爱劳动的学生，形成着明晰的、好钻研的头脑。”这说明了劳动和在劳动中创造对学生健康发展的重要性。陶行知说：“处处是创造之地，时时是创造之时，人人是创造之人。”学校引导学生在日常生活劳动、生产劳动和服务性劳动中，去设计制作、做小发明、开展研究性学习等，培养学生的创造能力和劳动精神。例如，以“我为花园设计作品”项目为例，篆刻社的同学利用太和镇的“土特产”——鹅卵石，来进行设计应用。各花园均用篆书以“×号基地”编号命名，既划分了各班的劳动基地，又点缀美化了校园。通过涪江边选鹅卵石、运鹅卵石、设计篆书标识、安放作品等活动，培养学生的创新创造能力和一不怕苦、二不怕累的劳动精神。又如，在劳动节开幕式上让学生扮演不同劳动者的角色，体验不同行业人的劳动，学习各行业劳动者的敬业精神。再如，在编织社团活动过程中，教师指导学生编织发夹，并将编织精美的发夹在校园进行展览和义卖，这样，既培养了学生的动手能力、劳动技艺和劳动创造精神，又让学生真切体验到了劳动的快乐和成就感与幸福感。

劳动节开幕式花絮

案例

发夹的编织与义卖

◆ 康珍妮 ◆

一、活动地点：编织社教室

二、活动时间：社团活动时间

三、活动对象：编织社学生

四、指导教师：康珍妮

五、活动目标

1.通过编织发夹，提高学生的动手能力，体验劳动的快乐，感受传统编织文化的魅力。

2.通过设计、编织发夹，培养学生的审美意识和艺术鉴赏能力。

3.通过合作探究、创作不同款式的发夹，培养学生的团队合作精神和创新创造能力。

4.通过策划并实施义卖活动，培养学生的组织管理和营销能力。

六、活动过程

1.学生分组。学生自愿组合，分成4个小组，每组5人。

2.材料准备。五股棉毛线、钩针、缝合针、记号扣、水滴发夹、垫片、胶棒。

3.针法练习。通过视频统一教学、教师个别辅导的教学方式，学生学习辫子针、环形起针、短针、长针、加针、减针等基础针法。

4.符号学习。通过PPT教学的方式学习钩针符号，比如短针X、短针加针V、短针减针A、中长针T、长针F等。

5.分组创作。学生先到图书馆，或利用网络等查找发夹编织资料。然后，小组讨论发夹制作方案，包括成员分工、编织风格、编织样式等。比如编织风格是“法式复古风”“文艺小清新”，还是“可爱小动物”等；编织样式是以花边创新、以小动物为主，还是以花朵图案为主等。各小组按照小组方案大胆创新、合作探究，集中进行创作，每组创作5种发夹款式，共有20种样式。

(1)编织底片。通过视频统一教学、教师个别辅导的教学方式完成万能底片的钩织，熟练运用辫子针、短针的钩织方法。

（2）编织饰品。教师通过先观看视频统一教学，再个别辅导的方式，引导学生完成简单的小饰品的学习，如泡芙花、蝴蝶结、爱心、草莓等。熟练运用加针、减针、长针、环形起针。

编织教学

教师指导编织

(3)组合发夹。用胶棒完成发夹、垫片、底片、小饰品的组装。

发夹作品

6.展览作品。在社团举办的“发夹时尚秀”展示作品。在学校的艺术节上进行展览,营造表现美、创造美的氛围。

展览作品

学生佩戴发夹

7. 义卖作品。学生策划开展了义卖宣传活动，进行了发夹等编织作品义卖活动。

义卖作品

8. 总结固化。社团召开总结会，各小组制作了总结PPT或视频，分享了活动成果和心得，固化了活动成果。

七、活动成效

1. 发夹等作品在学校市级普通高中综合实践活动课程创新基地展览室长期展出。

2. 发夹等作品在学校艺术节展出，获师生好评。

案例简评

该编织活动与义卖过程，体现了“劳动+”型综合实践活动的五个特征。

【劳动性】有查找资料、发夹创意设计等脑力劳动；有动手编织、办展览等手工劳动；有摄像、制作PPT或视频等新业态、新技术劳动。

【整合性】活动融合了语文、编织、美术、劳动等知识，综合了绘画、设计、编织、走秀、展览等活动，发挥了编织社学生的集体智慧。

【探究性】学生查找并学习编织相关的理论知识，合作探究了发夹编织的技法，集体讨论了义卖方案。

【创造性】学生大胆地进行了创意策划，创造性地设计了20种发夹款式，并创造性地开展了广告制作宣传、作品走秀展示、作品布展等活动。

【反思性】各学生进行了活动总结，撰写活动心得，制作汇报材料，在社团分享了小组的活动成果和花絮等。

第八章
“劳动+”型综合实践活动评价

2017年9月，教育部印发的《纲要》提出，综合实践活动情况是学生综合素质评价的重要内容。各学校和教师要以促进学生综合素质持续发展为目的设计与实施综合实践活动评价。要坚持评价的方向性、指导性、客观性、公正性等原则。由于综合实践活动既可以以小组合作的方式开展，又可以以个人单独进行，因此，在评价时，我们要特别注意小组活动中每个学生的表现性评价，要发挥好评价的激励作用。

第一节　学生活动评价

《纲要》要求，在评价时要注意把握好以下四个方面的内容和要求。

一是突出发展导向。通过对学生成长过程的观察、记录、分析，了解学生的个性与特长，不断激发学生的潜能。评价的首要功能是及时获得学生关于学习过程的反馈，改进后续活动。要避免评价过程中只重结果、不重过程的现象。要对学生作品进行深入分析和研究，挖掘其背后蕴藏的学生的思想、创意和体验，杜绝对学生的作品随意打分和简单排名等功利主义做法。

二是做好写实记录。教师要指导学生客观记录参与活动的具体情况，包括活动主题、持续时间、所承担的角色、任务分工及完成情况等，及时填写活动记录单，并收集相关事实材料，如活动现场照片、作品、研究报告、实践单位证明等。活动记录、事实材料要真实、有据可查，为综合实践活动评价提供必要基础。

三是建立档案袋。教师要指导学生分类整理、遴选具有代表性的重要活动记录、典型事实材料以及其他有关资料，编排、汇总、归档，形成每一个学生的综合实践活动档案袋，并纳入学生综合素质档案。

四是开展科学评价。原则上每学期末，教师要依据课程目标和档案袋，结合平时对学生活动情况的观察，对学生综合素质发展水平进行科学分析，写出有关综合实践活动情况的评语。高中学校要结合实际情况，研究制订学生综合实践活动评价标准和学分认定办法（见表8-1），对学生综合实践活动课程的学分进行认定。

表8-1 重庆市合川太和中学高中学生综合实践活动评价办法

评价项目		评价等级（在相应等级下打“√”）			
		A	B	C	D
1.过程性评价	①活动方案				
	②活动出勤				
	③活动图片/视频				
	④活动记录				
	⑤档案整理				
2.结果性评价	①总结分享				
	②活动作品（调查报告、研究报告、论文、视频等）				
	③活动影响（宣传报道、作品获奖、成果运用等）				
3.综合性评价	①综合评价等级				
	②综合评语				
认定学分					
评价教师签名					

学校（部门）盖章

年　　月　　日

第二节　教师指导评价

教师在综合实践活动的实施过程中，要处理好学生自主实践与教师有效指导的关系。教师既不能“教”综合实践活动，也不能推卸指导的责任，而应当成为学生活动的组织者、参与者和促进者。教师的指导应贯穿于综合实践活动实施的全过程。

在活动准备阶段中，教师要充分结合学生经验，为学生提供活动主题以及提出问题的机会，引导学生构思选题，鼓励学生提出感兴趣的问题，并及时捕捉活动中学生动态生成的问题，组织学生就问题展开讨论，确立活动目标。要让学生积极参与活动方案的制订过程，引导学生对活动方案进行组内及组间讨论，吸纳合理化建议，不断优化完善方案。

在活动实施阶段中，教师要创设真实的情境，为学生提供亲身经历与现场体验的机会，让学生经历多样化的活动方式，促进学生积极参与活动过程，在现场考察、设计制作、实验探究、社会服务等活动中发现和解决问题，体验和感受学习与生活之间的联系。要加强对学生活动方式与方法的指导，重在激励、启迪、点拨、引导，而不能包办代替，指导学生做好活动过程的记录和活动资料的整理。

在活动总结阶段中，教师要指导学生选择合适的结果呈现方式，鼓励学生运用多种形式的结果呈现并进行交流，如绘画、摄影、戏剧与表演等，对活动过程和活动结果进行系统梳理和总结，促进学生进行自我反思与表达、同伴交流与对话。要指导学生学会通过撰写活动报告、反思日志、心得笔记等方式，反思成败得失，提升个体经验，明确进一步的探究方向，深化主题探究和体验。

《纲要》要求各地和学校明确综合实践活动课程教师考核要求和办法，科学合理地计算教师工作量，将指导学生综合实践活动的工作业绩作为教师职称晋升和岗位聘任的重要依据，对取得显著成效的指导教师给予表彰奖励。

我们结合农村学校的实际，根据表8-1对学生活动的评价指标，相应地制订了教师指导学生综合实践活动评价办法（见表8-2）。

表8-2　重庆市合川太和中学教师指导学生综合实践活动评价办法

评价项目		评价等级（在相应等级下打“√”）			
		A	B	C	D
1.过程性评价	①学生活动方案				
	②学生活动出勤				
	③学生活动图片/视频				
	④学生活动记录				
	⑤学生档案整理				
2.结果性评价	①学生总结分享				
	②学生活动作品（调查报告、研究报告、论文、视频等）				
	③学生活动影响（宣传报道、作品获奖、成果运用等）				
3.综合性评价	①综合评价等级				
	②综合评语				

学校（部门）盖章

年　　月　　日

第九章
“劳动+”型综合实践活动的效应

《纲要》提出，综合实践活动的主要方式及其关键要素为考察探究、社会服务、设计制作、职业体验，另外还有党团队教育活动、博物馆参观等。它以培养学生的综合素质为导向，强调学生综合运用各学科知识，认识、分析和解决现实问题，提升综合素质，着力发展核心素养，特别是社会责任感、创新精神和实践能力。

学校自2020年起开始基地建设，在几年时间里，重点通过开展“劳动+”型综合实践活动，促进了学生全面而有个性的成长，促进了教师的专业成长，推动了学校的特色化发展，提升了学校的社会声誉。

第一节　促进了学生全面发展

学校结合农村中学生源基础普遍较差的实际情况，坚持正确的办学方向和学校发展定位，积极贯彻党的教育方针，落实五育并举，践行“和而大同、和而不同”的办学理念，促进了学生全面发展。例如，学生参与制作的微电影《十七岁的逆袭》、校园综艺《青春》和诗歌朗诵表演作品《我的南方和北方》等，获得全国二、三等奖10余人次；学生参加市柔道、合唱、综合实践活动成果等比赛（评比），获得市一、二、三等奖30人次；学生参加区运动会、足球、羽毛球、演讲、歌唱、绘画等比赛，获得一、二、三等奖50人次。此外，学生参加市乡村学校少年宫书画比赛获得2个一等奖，合唱校歌《放飞梦想》获得市一等奖等。

学校自2020年本基地建设以来，通过开展“劳动+”型综合实践等活动，促进了学生全面而有个性地成长。学生的综合素质得到显著提升，参加各级各类比赛获奖人次明显增多。学生参加市级以上的青少年科技创新大赛、梦想课堂·自然笔记大赛、科学论文评比、柔道比赛、艺术展演等获奖250余项。这些成绩表明，学生有了个性化发展和较好的成长。

表9-1　学生部分获奖统计表

（2020.5—2024.1）

序号	姓　名	获　奖
1	代　露	2020年，《杠板归简录》获第六届重庆市梦想课堂·自然笔记大赛一等奖；同年获全国青少年自然笔记征集活动优秀作品奖
2	唐小艳	2020年，《食品安全调查报告》获重庆市青少年生物多样性探究大赛优秀奖

续表

序号	姓 名	获 奖
3	唐于清	2020年,《金鱼喜欢吃什么样的食物》获重庆市青少年生物多样性探究大赛优秀奖
4	陈嘉伟 李梦怡等	2020年,参加第十四届合川区中小学生田径运动会获4金9银10铜、高中组获团体总分第二名、初中团体二等奖
5	李佳佳	2020年,参加第十四届重庆市中小学生才艺大赛(高中组)获声乐类(民族唱法)一等奖
6	吴世洋	2020年,参加第十四届重庆市中小学生才艺大赛(高中组)获艺术作品类(绘画)二等奖
7	陈拓宇	2020年,参加第十四届重庆市中小学生才艺大赛(高中组)获艺术作品类(绘画)三等奖
8	尹 苗	同上
9	陈金凤 唐银等	2021年,参加合川区“中华魂”(科技托起强国梦)主题教育读书活动征文类获奖18项(一等奖4篇、二等奖4篇、三等奖10篇),另获演讲类三等奖
10	雷林果	2021年,参加第六届重庆市运动会柔道比赛获金牌
11	唐 涛	2021年,参加第六届重庆市运动会柔道比赛获银牌
12	刘红洋	2021年,参加第六届重庆市运动会柔道比赛获铜牌
13	秦 杨	同上
14	董佳瑜	同上
15	吴 珊	同上
16	郭思莹 周一鸣	2021年,《农村中学高中生新高考选科调查报告》获第九届合川区青少年科技创新大赛一等奖
17	周晓燕 王紫怡	2021年,《农村中学高一学生视力情况调查研究报告》获第九届合川区青少年科技创新大赛二等奖
18	刘虞霖	2021年4月,科幻画《海底游乐园》获第九届合川区青少年科技创新大赛二等奖
19	张少奇	2021年4月,机器人创意作品《MAX智能垃圾分类系统》获第九届合川区青少年科技创新大赛二等奖

续表

序号	姓　名	获　奖
20	秦豪骏 唐树林 游中毅	2021年，小制作“野外用水过滤自热便携式装置”获第九届合川区青少年科技创新大赛二等奖
21	左文凤 何云彩 游仕杰	2021年，小制作“多功能行李箱”获第九届合川区青少年科技创新大赛三等奖
22	龙嘉俞	2021年，获重庆市乡村学校少年宫书画大赛一等奖
23	足球队	2021年，参加第六届合川区中小学生足球比赛，高中足球队获男子甲组二等奖，初中足球队获甲组三等奖
24	陈　渝	2021年，获第六届合川区中小学生足球比赛优秀运动员
25	曾贵东	同上
26	马蕊依	2021年，《众志抗疫LOGO设计》获第二十二届全国学生信息素养提升实践市级选拔活动二等奖
27	张　越 李　威	2021年，文章《噢！知识就是力量啊》获第二十二届全国学生信息素养提升实践市级选拔活动三等奖
28	冯思雨	2021年，获第四届合川区小音乐家命名比赛钢琴A组银奖
29	唐苏琪	2021年，获第四届合川区小音乐家命名比赛弦乐A组银奖
30	邢岱坤	同上
31	张洪源	同上
32	秦豪骏 唐树林 游中毅	2021年，“野外水源过滤自热便携装置”获第三十六届重庆青少年科技创新大赛创新成果二等奖
33	郭思莹 周一鸣	2021年，《农村中学高中生新高考选科调查报告》获第三十六届重庆青少年科技创新大赛二等奖
34	周晓燕 王紫怡	2021年，调查报告《农村中学高一学生视力情况调查研究报告》获第三十六届重庆青少年科技创新大赛三等奖
35	王　楠	2021年，获合川区“家乡故事我来讲”故事大赛中学组一等奖
36	谢远平 刘少花等	2021年，学生参加第十五届重庆市中小学生才艺大赛获书法、绘画、舞蹈等奖项26项，其中一等奖1项、二等奖9项、三等奖16项

续表

序号	姓 名	获 奖
37	王 翔 郭欣等	2021年，参加第十五届合川区中小学生田径运动会获奖19项，其中2金10银5铜、高中组团体总分第三名、初中组团体二等奖
38	雷翼函	2021年，《霜打的白菜为什么会变"甜"》获第七届重庆市梦想课堂·自然笔记大赛二等奖
39	刘欣怡	2022年，《家乡的油松》获第七届重庆市梦想课堂·自然笔记大赛二等奖
40	段雨彤	2022年，《满天星的生命》获第七届重庆市梦想课堂·自然笔记大赛三等奖
41	周欣雨	2022年，《幸运的酢浆草》获第七届重庆市梦想课堂·自然笔记大赛二等奖
42	何雨纯	2023年，《阳光世界》获首届重庆市青少年科幻征文大赛一等奖
43	杨晓于	2023年，《生命无限公司》获首届重庆市青少年科幻征文大赛一等奖
44	徐铎锋	2023年，作品《科技与生活》获首届重庆市青少年科幻征文大赛三等奖
45	吴 颖	2022年，《001》获首届重庆市青少年科幻征文大赛三等奖
46	吴 畅	2022年，《001》获首届重庆市青少年科幻征文大赛三等奖
47	左艳芸 杨博媛	2021年，《蒲公英，在未来还能见到你吗?》获第二届重庆市青少年生物多样性探究大赛特等奖
48	陈雨欣 郭欣怡	2021年，《寄生植物菟丝子对生态环境影响调查》获第二届重庆市青少年生物多样性探究大赛三等奖
49	陆依欢	2021年，《从太和镇蚕桑文化的兴衰盼未来》获第二届重庆市青少年生物多样性探究大赛三等奖
50	李妍欣 李阳萍	2021年，《蜗牛"融化"与农作物保护》获第二届重庆市青少年生物多样性探究大赛三等奖
51	王仪欣 易 畅	2021年，《探究葛的多种价值》获市第二届重庆市青少年生物多样性探究大赛三等奖
52	陆依欢 郭欣怡 陈雨欣	2022年，《农村中学初中学生龋齿调查》获第十届合川区青少年科技创新大赛(科学研究论文)二等奖
53	廖丹伲 刘秋菊	2022年，《舞蹈练功压腿器》获第十届合川区青少年科技创新大赛(创造发明)三等奖
54	张湘颖 熊酥琳	2022年，《农村高中留守学生现状调查研究——以重庆市合川太和中学为例》获第十届合川区青少年科技创新大赛(科学研究论文)三等奖

续表

序号	姓　名	获　奖
55	周晓蔓 谢　佳	2022年,《关于农村中学“双减”调查研究报告》获第十届合川区青少年科技创新大赛(科学研究论文)三等奖
56	社　团	2022年,《太和镇外来入侵植物调查》获第十届合川区青少年科技创新大赛(科技实践活动)三等奖
57	彭锦程	2022年,《灾后智能搜救机》获合川区青少年科技创新大赛(少年儿童科学幻想绘画)三等奖
58	向　宇	2022年,微视频《班主任的一天》获第二十三届全国学生信息素养提升实践市级选拔活动一等奖
59	李世奇	2022年,创意编程《牛牛口算》获第二十三届全国学生信息素养提升实践市级选拔活动二等奖
60	秦　勇	2022年,创意开发《我的词云工具》获第二十三届全国学生信息素养提升实践市级选拔活动三等奖
61	周　红	2022年,第十五届全国中学生创新作文大赛全国总决赛三等奖
62	陈彦如	2022年,科幻写作作品获第六届重庆市青少年科学素养大赛决赛三等奖,并获“科学少年”荣誉称号
63	刘俊余	2022年,科学实践获第六届重庆市青少年科学素养大赛决赛三等奖,并获“科学少年”荣誉称号
64	唐祥云	同上
65	杨成文	同上
66	陈嘉伟 杨玲香等	2022年,参加第十六届合川区中小学生田径运动会获奖22项,其中高中组团体第二名、初中A组团体三等奖、5枚金牌、10枚银牌、5枚铜牌
67	社　团	2022年,“园中葵社团”获合川区中小学(幼儿园)德育品牌称号
68	左　莘 秦　雨等	2022年,参加合川区“四心向党·我和我的家乡”暨第八届“我是家乡的名片”获奖11项,其中一等奖1项、二等奖4项、三等奖6项
69	唐梓恒 吴桂涟 左佳辉	2023年,《新冠疫情期间农村中学生心理状况调查研究——以重庆市合川太和中学为例》获第十一届合川区青少年科技创新大赛一等奖;2023年4月,获第三十八届重庆市青少年科技创新大赛三等奖
70	马　瑶 左乾凤等	2023年,参加第二届重庆青少年科幻征文大赛获一等3项、二等7项、三等8项

续表

序号	姓 名	获 奖
71	唐欣婷 杨智闵等	2023年，参加第二十三届世界华人学生作文大赛获全国二等5项、三等7项
72	辜悦等	2023年，《太和镇涪江水资源保护调查报告》获第二十届全国中学生水科技发明比赛(重庆赛区)二等奖
73	赵彦林	2023年，参加合川区庆祝卢作孚诞辰130周年师生书画赛获二等奖
74	吴 欣	2023年，参加合川区庆祝卢作孚诞辰130周年师生书画赛获三等奖
75	陈红君	同上
76	欧歆玥	同上
77	曾思雨	同上
78	张康乐 谢南馨等	2023年，参加第十六届全国中学生创新作文大赛决赛获奖10人，其中二等奖2人、三等奖8人
79	彭 茜 蒋娜等	2023年，参加合川区2022年“中华魂”(中华好家风)主题教育读书活动获奖25人，其中一等奖5人、二等奖7人、三等奖13人
80	李雨芯	2023年，参加合川区首届禁毒文化艺术节征文获一等奖
81	程薪芯	2023年，参加合川区首届禁毒文化艺术节征文获三等奖
82	陈柏冰	2023年，科幻写作作品获第七届重庆市青少年科学素养大赛决赛一等奖
83	秦 娜	2023年，科幻写作作品获第七届重庆市青少年科学素养大赛决赛一等奖
84	王 胜	2023年，科幻写作作品获第七届重庆市青少年科学素养大赛决赛三等奖
85	雷钦程	2023年，科学思维作品获第七届重庆市青少年科学素养大赛决赛一等奖
86	孙晓淳	2023年，科技论文获第七届重庆市青少年科学素养大赛决赛三等奖
87	马 宇 刘春林等	2023年，参加合川区首届青少年科普设计创新大赛获奖34项，其中一等奖5项、二等奖9项、三等奖20项
88	张 加	2024年，合川区“我把好书读给你听”经典书籍推广活动二等奖
89	李 悦	2024年，合川区“我把好书读给你听”经典书籍推广活动二等奖
90	刘仪林等	2024年，刘仪林等20人参加合川区首届课本剧演绎大赛获三等奖

第二节 促进了教师专业成长

2021年12月，教育部印发的《普通高中学校办学质量评价指南》提出，完善校内教师激励体系。学校要把认真履行教育教学职责作为评价教师的基本要求，坚持公开公平公正，注重精神荣誉激励、专业发展激励、岗位晋升激励、绩效工资激励、关心爱护激励。

自2020年开始基地建设，通过几年多的努力实践，学校以“劳动+”型综合实践活动为载体，引领和激励教师在丰富多样的活动中不断前行，促进了教师专业成长。一是教师通过开发校本课程，增强了团结协作精神，提升了理论素养和课程开发能力。二是校本课程的开发促进教师发掘了自己的兴趣特长，增强了教师的获得感和幸福感，左学厚、王锦辉、杨磊三位老师分别负责的“奇妙的对联”“篆刻”“柔道基础教程”重庆市普通高中精品选修课程，顺利通过专家组验收，依次以“良好”“良好”“合格”等级结项。三是青年教师在各级赛课、教研论文评比等活动中的获奖名次较高且人数增多。

在基地建设的几年的时间里，据不完全统计，教师发表了相关的研究论文（案例）21篇，相关的研究成果获奖81项，荣获区级以上相关荣誉50人（次）。

教师荣誉证书

表9-2 教师发表相关论文统计表

（2019.7—2023.12）

序号	作者/论文	发表杂志	时间
1	陈开龙/发展陶行知"二十三常能，培养学生核心素养"	《生活教育》	2019年7期
2	陈开龙/陶行知"育才二十三常能"与合川"新二十三常能"	《教育与文化》/人大复印资料索引	2019年5期
3	张桂芳等/新二十三常能"课程：让学生关键能力培养真实落地	《中小学管理》(北大核心)	2019年10期
4	陈开龙等/初中数学统计知识生活化教学实践与反思	《教育与文化》/人大复印资料索引	2020年1期
5	左学厚/对联选修课应注重"四结合"	《教育与文化》	2020年4-6期
6	陈开龙、蒋俊杰/"劳动＋"型综合实践活动的内涵、框架及路径探讨	《新课程研究》/人大复印资料索引	2021年7期
7	陈开龙/基于"新二十三常能"的校本课程开发与实施	《基础教育参考》/人大复印资料索引	2021年7期
	陈开龙/多元校本课程，丰盈学生心灵——重庆市合川太和中学基于"新二十三常能"的校本课程开发与实施	《德育报》转载	2021年11月26日
8	蒋志容、陈开龙/农村中学综合实践活动常态化实施的策略与路径探究	《教学管理与教育研究》	2021年20期
9	陈开龙指导/农村高中留守学生现状调查研究——以重庆市合川太和中学为例	《创新教育》	2021年第3-4期
10	李奇龙/"太和镇外来入侵植物调查"活动设计	《中学生物学》	2022年第7期
11	李奇龙/青少年生物多样性探究大赛的收获与思考	《创新教育》	2022年5-6期
12	蒋志容、陈开龙/"劳动+"型综合实践活动推进"五育融合"实践探索	《生活教育》	2023年1期
13	陈开龙/青少年科技创新大赛获奖启示及推进策略——以第37届重庆市青少年科技创新大赛获奖数据为例	《创新教育》	2023年4期
14	刘伟/重庆市青少年STEAM科创大赛的变化、启示及建议	《教育与文化》	2023年2期

续表

序号	作者/论文	发表杂志	时间
15	杨中贤/“合欢树”导学案设计	《合川教育》	2019年3-4期
16	曾美林/以爱之名勇做行知教育追梦人——我的教育故事	《合川教育》	2019年3-4期
17	李奇龙/自然笔记是心灵的真实感悟	《合川教育》	2020年4月
18	潘晖/基于学科核心素养的高中生物“科学探究”能力培养研究	《合川教育》	2020年4月
19	张国凤/战“疫”心“情”	《合川教育》	2020年4月
20	李奇龙/生物多样性探究大赛后的思考	《合川教育》	2021年6月
21	左学厚/对联教育：传承国粹，诗化人生——重庆市精品课程“奇妙的对联”自评报告	《合川教研》	2021年12月

表9-3　教师部分获奖成果统计表

（2019.10—2023.12）

序号	作者/成果名称	成果评选/时间	奖次
1	陈开龙/发展陶行知“二十三常能，培养学生核心素养”	合川区生活教育光大工程优秀成果（论文）评选/2019.10	区一等
2	杨贵娟/教育信息技术促进教育公平研究	重庆市教育技术论文活动评选/2020.11	市一等
3	杨中贤/“合欢树”导学案设计	合川区生活教育光大工程优秀成果（教学设计）评选/2019.10	区一等
4	曾美林/以爱之名勇做行知教育追梦人——我的教育故事	同上	区一等
5	太和中学/行知课程之“和达”课程体系	合川区生活教育光大工程优秀成果（课程体系）评选/2019.10	区一等
6	太和中学/“行知品质课堂”之“五环节”教学模式	合川区生活教育光大工程优秀成果（教学模式）评选/2019.10	区一等
7	左学厚/浅析陶行知生活教育思想对校园文化的影响	合川区生活教育光大工程优秀成果（论文）评选/2019.10	区二等
8	潘晖/迷茫中前进，课改中成长	合川区生活教育光大工程优秀成果（成长案例）评选/2019.10	区三等

续表

序号	作者/成果名称	成果评选/时间	奖次
9	周敏/锐意进取 砥砺前行——我的成长	同上	区三等
10	张菊/“中国共产党的宗教工作基本方针”导学案设计	同上	区一等
11	左学厚/用对联激活高中语文教学	重庆市教育科研实验基地学校优秀论文评选/2020	市三等
12	曾美林/微电影《笨鸟先飞》	重庆市2020年中小幼学生“成语中国”微电影征集展播作品/2021	市三等
13	潘晖/赛课	市教委等主办的重庆市禁毒名师TALK“一堂禁毒课”大赛/2021	市一等
14	官玉成/激光传声仪	第九届合川区青少年科技创新大赛/2021	区二等
15	刘丽娟/“古体字转换”微信小程序	第三十六届重庆市青少年科技创新大赛(科技辅导员科教制作项目)/2021.7	市二等
16	官玉成/激光传声仪	同上	市三等
17	李奇龙/魔法变变变，污水变清水	同上	市三等
18	李奇龙、李云君/农村中学开展综合实践活动课程的困境及对策	重庆市中学综合实践活动课程优秀论文评选/2021	市二等
19	陈佳/初中语文综合实践活动课程实施策略研究	同上	市二等
20	姚尧/英语词汇教学课件	第二十五届全国教师教育教学信息化交流展示活动市级选拔/2021	市三等
21	郭纯林/IP地址及其管理	第二十五届全国教师教育教学信息化交流展示活动市级选拔/2021	市三等
22	李奇龙/太和镇古黄葛树生存状态及保护情况	重庆市第二届青少年生物多样性探究大赛(教师组)/2022	市一等
23	何倩/激光书法定格定距仪	第十届合川区青少年科技创新大赛(科教制作)/2022	区二等
24	郑川鄂/浅谈核心素养导向下的高中生物人文教育	重庆市中学生物学教育教学论文评选/2022	市三等
25	李奇龙/坚持学科核心素养，践行实践育人目标	同上	市三等

续表

序号	作者/成果名称	成果评选/时间	奖次
26	左学厚/市级精品选修课程	重庆市普通高中精品选修课程《奇妙的对联》以“良好”等级结项(渝教基发[2022]15号)/2022	
27	蒋志容、陈开龙/农村中学综合实践活动常态化实施的策略与路径探究	第三十七届重庆市青少年科技创新大赛(科技辅导员优秀论文)/2022	市二等
28	刘丽娟/“心算喵”微信小程序	第三十七届重庆市青少年科技创新大赛(科技创新成果)/2022	市二等
29	李奇龙、潘健/“双减”新形势下科学教育与青少年创新思维培养	同上	市三等
30	李云君/中学英语青少年创新思维培养	同上	市三等
31	魏露/农村高中科技创新校本课程的开发研究	同上	市三等
32	秦利玲/魅力动漫,给你好看	第三十七届重庆市青少年科技创新大赛(科技辅导员科教方案)/2022	市三等
33	敖向健/绿叶中色素的提取和分离实验改进方案	同上	市三等
34	张永亮/探秘“合川太和富金坝水电站”科技活动方案	同上	市三等
35	蒋志容、陈开龙/“和文化”特色学校建设的实践路径	合川区生活教育光大工程优秀论文评选/2022	区一等
36	左学厚/校本课程的有效开发应注重“三情”	同上	区一等
37	秦林/践行陶行知思想,提高“双师班”语文教学效率	同上	区一等
38	江阳/论陶行知“教学做合一”教学思想在初中美术教学中的运用	同上	区二等
39	杨芳/践行陶行知教育理论,营造生活化的历史课堂	同上	区二等
40	杨中贤/践行真教育理念　融入真情境教学	同上	区二等
41	曾美林/聚焦“新二十三常能”助力学生素养提升	同上	区二等

续表

序号	作者/成果名称	成果评选/时间	奖次
42	方亚琳/初中心理健康课堂“小先生制”教学研究	同上	区二等
43	张永亮/弘扬行知文化，践行生活德育	同上	区二等
44	李云君/海纳百川，携爱前行	同上	区三等
45	卢家莉/高中政治课堂教学生活化的实践反思	同上	区三等
46	黄迎春/陶行知先生“教学做合一”教学理论在初中语文教学中的运用	同上	区三等
47	袁媛/高中英语生活化课堂教学案例	同上	区三等
48	骆春花、彭勇/生活教育与农村初中语文综合实践课程的有效融合	同上	区三等
49	李奇龙/“双减”新形势下如何挖掘学生的创新潜能	同上	区三等
50	陈佳/试论国学经典诵读在农村初中语文校本课程中的实践对策	同上	区三等
51	张姚/基于“新二十三常能”框架的中学学生管理工作的思考	同上	区三等
52	夏雨/基于新二十三常能理念下的高中学生行为习惯的养成	同上	区三等
53	左学厚/向阳花朵别样红	重庆市教育学会生涯发展指导优秀案例评选/2022	市一等
54	孔金珍/生涯规划教育在历史课堂的渗透	同上	市二等
55	余何君/劳而有获 耕读育人——以学生参加实践基地李子疏果劳动为例	合川区中小幼学校“四心向党·礼赞劳动美”劳动周劳动教育优秀案例评选/2022	区三等
56	刘丽娟/“云朵智慧课堂助手”课件	第二十三届全国师生信息素养提升实践市级活动/2022	市二等
57	王琳灵/“IP地址及其配置”课件	同上	市三等
58	熊元/“光的偏振”微课	同上	市三等

续表

序号	作者/成果名称	成果评选/时间	奖次
59	李奇龙、潘晖/太和镇外来入侵物种调查实践活动	重庆市第三届初中生物学学科实践活动优秀作品/2023	市二等
60	陈开龙、蒋俊杰/“劳动＋”型综合实践活动的内涵、框架与路径探讨	重庆市优秀基础教育著述评选活动/2023	市三等
61	李奇龙/太和镇涪江水资源保护科教活动方案	合川区第十一届青少年科技创新大赛(科技辅导员优秀论文)/2023	区一等
62	江阳/创客视域下中学生科技创新思维的培养研究	同上	区一等
63	陈开龙/青少年科技创新大赛获奖的启示及推进策略	合川区第十一届青少年科技创新大赛(科技辅导员优秀论文)/2023	区一等
		重庆市第三十八届青少年科技创新大赛(科技辅导员优秀论文)/2023	市二等
64	刘丽娟/“九九乘法家”口算乘法练习软件	第三十八届重庆市青少年科技创新大赛(科技辅导员科教制作)/2023	市三等
65	李奇龙/涪江水资源保护调查活动设计与实施方案	第三十八届重庆市青少年科技创新大赛(科技辅导员科教方案)/2023	市三等
66	李奇龙、易琴/“三新”背景下学生社团教学与跨学科实践初探	2023年重庆市中学生物学教育教学论文评选/2023	市三等
67	李云君/妙用综合实践提升课堂魅力	2023年重庆市中学综合实践活动课程优秀论文评选/2023	市二等
68	李奇龙、杜小群/“双减”背景下综合实践活动课程跨学科实践探究	同上	市三等
69	郭纯林/农村中学科技创新教育实施策略初探	合川区第十二届中小学生科技节科技教育典型案例及研究论文/2023	区一等
		重庆市第十二届中小学生科技节科技教师论文评选/2023	市二等
70	何倩/以学生为中心看农村初中科技教育的课程设计	合川区第十二届中小学生科技节科技教育典型案例及研究论文/2023	区二等
71	杜柳/农村高中科技教育的困境与发展策略研究	同上	区二等
72	李奇龙/习近平生态文明思想在科技实践社团中的运用	同上	区三等

续表

序号	作者/成果名称	成果评选/时间	奖次
73	郭纯林/《算法基础》课件	第二十七届全国师生信息素养提升实践市级活动/2023	市三等
74	李季/《活出生命的精彩》微课	同上	市二等
75	钟益/“五育并举”视域下农村中学劳动教育的“乡村思路”	第八届重庆市中小学教师优秀教育教学论文评选/2023	市一等
76	牟晓容/地理优质录像课	2023年重庆市初中地理教师优质课大赛/2023	市一等
77	秦利玲/基于高中信息技术教学的学生助教模式探索	2023年重庆市中学信息技术课程优秀论文评选活动/2023	市二等
78	刘丽娟/例谈思维导图在高中信息技术教学中的应用	同上	市三等
79	王锦辉/篆刻市级精品选修课程	重庆市普通高中精品选修课程“篆刻”以“良好”等级结项(渝教基函[2023]94号)/2023	
80	杨磊/柔道市级精品选修课程	重庆市普通高中精品选修课程“柔道基础教程”以“合格”等级结项(渝教基函[2023]94号)/2023	
81	陈开龙/基于“新二十三常能”的校本课程开发与实施	第七届重庆市教育科学研究优秀成果奖/2024	市三等

表9-4 教师部分相关荣誉统计表

(2020.5—2023.12)

序号	姓 名	荣 誉	颁证单位/时间
1	蒋志容	合川区“知行阅读行动”指导专家	区教委/2021.3
2	陈 琳	合川区“知行阅读行动”指导专家	区教委/2021.3
3	张 菊	合川区“行知品质课堂”教学改革标兵(合川教[2021]107号)	区教委/2021.4
4	左学厚	同上	区教委/2021.4
5	陈建英	同上	区教委/2021.4
6	付洪辉	同上	区教委/2021.4
7	段毅(女)	同上	区教委/2021.4
8	李奇龙	同上	区教委/2021.4

续表

序号	姓 名	荣 誉	颁证单位/时间
9	潘 晖	同上	区教委/2021.4
10	江亚琴	同上	区教委/2021.4
11	蒋 果	同上	区教委/2021.4
12	易 琴	同上	区教委/2021.4
13	陈开龙	同上	区教委/2021.4
14	孔金珍	合川区教坛新秀(合川教[2021]号)	区教委/2021.4
15	牟晓容	同上	区教委/2021.3
16	陈 琳	同上	区教委/2021.3
17	陈开龙	合川区教师教育培训专家库成员	区教师进修学校、区教师继续教育中心/2021.5
18	陈开龙	重庆市高中综合实践活动课程创新教育教学项目评审专家库成员(渝教科院发[2022]2号)	重庆教科院/2022.1
19	左学厚	重庆市高中语文教育教学评审专家库成员(渝教科院发[2022]2号)	重庆教科院/2022.1
20	付洪辉	合川区基础教育品质提升工程先进个人(合川府办[2022]1号)	区政府/2022.1
21	陈 琳	同上	区政府/2022.1
22	杜 柳	同上	区政府/2022.1
23	杨中贤	合川区教学名师(合川教[2022]30号)	区教委/2022.1
24	潘 晖	同上	区教委/2022.1
25	曾美林	合川区教学能手(合川教[2022]30号)	区教委/2022.1
26	尹春香	同上	区教委/2022.1
27	刘艳玲	同上	区教委/2022.1
28	张 菊	同上	区教委/2022.1
29	余何君	合川区骨干教师(合川教[2022]30号)	区教委/2022.1
30	李永强	同上	区教委/2022.1
31	李云君	同上	区教委/2022.1
32	彭遂亮	同上	区教委/2022.1
33	陈 琳	同上	区教委/2022.1

续表

序号	姓名	荣誉	颁证单位/时间
34	王琳灵	同上	区教委/2022.1
35	魏　露	重庆市优秀共青团干部	市人社局、团市委/2022.5
36	蒋志容	合川区陶行知教育奖（行知行奖）（合川委教[2023]35号）	区委教育工委、区教委/2023.9
37	郭纯林	合川区陶行知教育奖（知行奖）（合川委教[2023]35号）	区委教育工委、区教委/2023.9
38	李永强	合川区陶行知教育奖（行知奖）（合川委教[2023]35号）	区委教育工委、区教委/2023.9
39	钟　益	合川区优秀教育工作者（合川委教[2023]35号）	区委教育工委、区教委/2023.9
40	刘　聪	合川区师德标兵(合川委教[2023]35号)	区委教育工委、区教委/2023.9
41	张伶俐	合川区优秀教师(合川委教[2023]35号)	区委教育工委、区教委/2023.9
42	王　兴	同上	区委教育工委、区教委/2023.9
43	王　旭	同上	区委教育工委、区教委/2023.9
44	江亚琴	同上	区委教育工委、区教委/2023.9
45	陈　伟	同上	区委教育工委、区教委/2023.9
46	杨春梅	同上	区委教育工委、区教委/2023.9
47	李　纲	合川区优秀德育工作者（合川委教[2023]35号）	区委教育工委、区教委/2023.9
48	彭小彬	同上	区委教育工委、区教委/2023.9
49	戴晓强	同上	区委教育工委、区教委/2023.9
50	杨跃文	同上	区委教育工委、区教委/2023.9

第三节　推动了学校特色发展

教育部印发的《普通高中学校办学质量评价指南》提出，遵循教育规律和人才成长规律，加快建立以发展素质教育为导向的普通高中学校办学质量评价体系，切实扭转不科学的教育评价导向；着力克服“唯分数、唯升学”倾向；发展学生核心素养，增强学生综合素质，促进学生全面而有个性的发展；引导办好每所学校，促进普通高中多样化有特色发展。太和中学以此为契机，结合农村中学的实际，确定了走高中特色化发展之路。2023年7月，教育部、国家发展改革委、财政部印发的《关于实施新时代基础教育扩优提质行动计划的意见》提出，全面贯彻党的教育方针，落实立德树人根本任务，发展素质教育；培育一批优质特色高中，普通高中多样化发展扎实推进。这进一步增强了学校学创办农村特色优质高中的积极性。

学校作为合川区的第二所重庆市级重点中学，结合农村中学实际，积极践行“普通高中多样化有特色发展”理念，大力推进生活教育，着力创建重庆市特色高中，取得了可喜的成绩。学校荣获了全国青少年校园足球特色学校、重庆市普通高中新课程新教材实施示范校、市社会主义文明礼仪示范学校、市优秀卫生单位、市“五四”红旗团委、市楹联教育基地、合川区特色学校（“和”文化）等荣誉称号。不仅如此，学校成功地承办了合川区特色学校建设推进大会；在合川举办的“面向2035”全国性教育盛会上，前党委书记、校长张桂芳做经验交流，并作为嘉宾参加了“育”分论坛。这些荣誉与事例表明，学校有了特色化发展。

通过多年的校本课程建设，学校形成了“七类别、三精品、两基地”校本课程格局。其中，“奇妙的对联”“柔道基础教程”“篆刻”课程被市教委评为普通高中精品选修课程。学校获建重庆市普通高中综合实践活动课程创新基地、合川区中学音乐课程创新基地，高中新课程样本校，中国陶行知研究会中学教育专委会“行知式好学校”、合川区体育传统项目学校，彰显了太和中学的办学特色。

反思我们的基地建设实践，有以下思考与建议：

实施“五育融合”教育是个系统工程，要因校施策。学校要全面贯彻党的教育方针，既坚持“五育并举”办学，又注重“五育”中各育之间的相互融合。“劳动+”型综合实践活动较好地践行了生活教育理论，推进了学校的“五育融合”教育，发展了学生的核心素养。

一要突出“五性”。开展“劳动+”型综合实践活动，重点要突出其劳动性、整合性、反思性、探究性、创造性这五个特性。开展的综合实践活动具有这五个特性中的特性越多，推进“五育融合”教育的效果就越好。

二要顶层设计。学校应结合校情、师情、生情进行顶层设计，根据学校的办学理念或办学特色(特点)，找到"五育融合"的实施载体，以研究性学习、研学旅行、考察探究、职业体验、主题式活动、项目化学习等方式推进，这样才能扎实有序地推进"五育融合"。

三要注意减负。开展"劳动+"型综合实践活动，要树立减负意识，注意整合劳动、综合实践、社团等活动，避免因各类活动孤立开展耗时多而导致师生负担过重的情况，以落实国家的"双减"政策。

四要全面评价。2021年教育部印发的《普通高中学校办学质量评价指南》，要求加快建立以发展素质教育为导向的普通高中学校办学质量评价体系，切实扭转不科学的教育评价导向。当前，教育主管部门要破除对学校"唯分数、唯升学"的片面评价办法，全面评价学校办学质量。学校要把立德树人作为办学的首要任务，按照教育部出台的学校办学评价指南要求办学。

展望未来，学校将进一步探索"劳动+"型综合实践活动理论，总结实践经验，充分发挥好基地的综合性、实践性、探究性特征，着力打造学科育人环境，实现全息育人，努力把本基地建成市级优秀基地。

附录

重庆市合川太和中学部分获奖荣誉

(2020.7—2023.12)

1. 全国青少年校园网球特色学校(2020年7月，教育部)

2. 重庆市青少年生物多样性探究大赛优秀组织奖二等奖(2020年11月，重庆市生态环境局、市教委等)

3. 合川区行知品质课堂教学改革示范学校(2021年4月，合川区教委)

4. 西南政法大学优秀生源基地(2020年，西南政法大学)

5. 重庆市第二批立德树人特色项目实践研究基地(2021年1月，重庆市教科院)

6. 重庆市合川太和中学科学技术协会(2021年6月成立，合川区科协)

7. 重庆市未成年人心理健康工作联盟成员单位(2021年，市委宣传部等13部门)

8. 重庆市智慧校园建设示范学校(2021年11月，重庆市教委)

9. 合川区2021年新入职教师培训跟岗研修基地校(2021年12月,合川区教委、合川教师进修校)

10. 西南医科大学优质生源基地(2021年,西南医科大学)

11. 合川区基础教育品质提升工程先进集体(2022年1月,合川府办〔2022〕1号)

12. 重庆文理学院教育硕士研究生实践基地(2022年5月,重庆文理学院)

13. 重庆邮电大学优质生源基地(2022年6月,重庆邮电大学)

14. 重庆市园林式居住区(单位)(2023年1月,重庆市城市管理局)

15. 重庆师范大学优质生源基地(2023年2月,重庆师范大学)

16. 合川区禁毒教育工作优秀组织单位(2023年4月,区禁毒办、区教委)

17. 合川区文明校园(2023年5月,合川区委办)

18. 合川区首届青少年科技创新大赛、重庆市青少年科普创新设计大赛优秀组织单位(2023年12月,合川区社科界联合会、区教委等5单位)

19. 重庆市楹联教育基地(2019年11月,重庆市楹联学会)

20. 重庆市大中小学生"节电小能手"暑期征文活动"优秀组织单位"(2023年12月,市委宣传部、市文明办、市教委)

部分荣誉证书

重庆市未成年人心理健康工作联盟
成员单位
重庆市委宣传部 重庆市文明办 重庆市委政法委 重庆市委网信办
重庆市教育委员会 重庆市民政局 重庆市财政局 重庆市卫生健康委
重庆市检察院 共青团重庆市委 重庆市妇联 重庆市红十字会 重庆市关工委

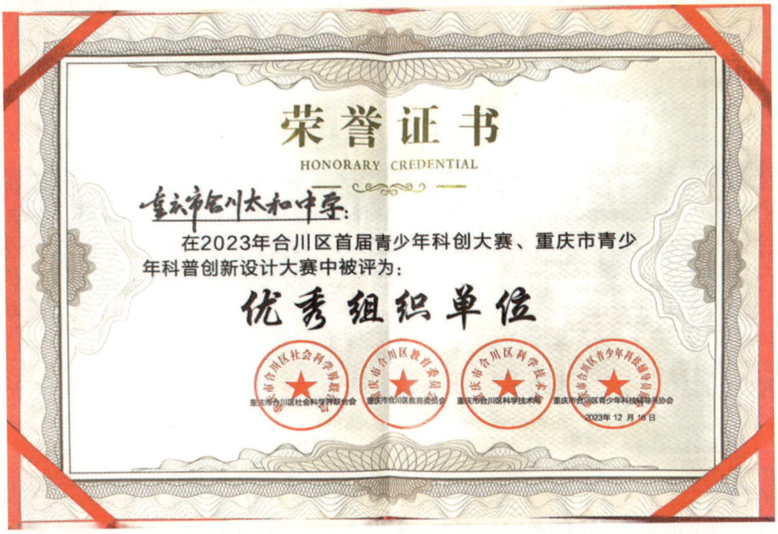
荣誉证书
HONORARY CREDENTIAL
重庆市合川太和中学:
在2023年合川区首届青少年科创大赛、重庆市青少年科普创新设计大赛中被评为:
优秀组织单位

授予
重庆市合川太和中学
第二届重庆青少年科幻征文大赛
优秀组织奖
重庆市科学技术协会 重庆市教育委员会 共青团重庆市委员会 重庆市全民阅读活动办公室
二〇二三年三月

第四节　扩大了学校社会影响

在该基地建设的前后，学校开展了一系列重大活动，扩大了学校的社会影响和知名度。比如：学校成功承办了合川区特色学校建设推进现场大会；在合川举办的"面向2035"全国性教育盛会上，前党委书记、校长张桂芳作了经验交流，并作为嘉宾参加了"育"分论坛。

在这几年的基地建设期间，基地建设仍取得了可喜的成绩。基地接待参观的来宾就有26批次。在这些参观者中，有来自市内外的相关部门和学校，有政府的领导干部，有兄弟学校的领导和教师，有名师工作室成员。通过接待来宾参观，又进一步扩大了基地建设的社会影响，据不完全统计，区级以上媒体的相关报道有23次。

表9-5　基地接待来宾参观情况统计表

（2021.10—2024.1）

（注：2021年10月20日校内基地功能室建成投用）

序号	时 间	参观来宾
1	2021.10.21	首迎南川道南中学、铜梁一中、大足一中、重庆市李勇名校长工作室成员和南川"四有八为"德育工作室成员等来宾共40余人
2	2021.10.31	合川区中学数学陈开龙名师工作室成员10人
3	2021.12.03	重庆木洞中学领导一行18人
4	2021.12.06	合川区教师继续教育中心领导一行4人
5	2021.12.17	太和中学高中学生家长代表
6	2021.12.21	合川区教育工委委员秦雅军一行人
7	2022.01.12	长江师范学院于海洪教授一行5人
8	2022.02.23	龙市中学同仁到校开展校际交流活动并
9	2022.03.04	合川区副区长袁晓钦、区教委主任吴志琼一行人
10	2022.03.09	合川区教委体卫科领导一行人
11	2022.03.15	合川区副区长陈皎一行人
12	2022.05.20	合川区科技局局长罗杰一行人和区教委相关负责人
13	2022.05.27	重庆文理学院副校长漆新贵一行6人
14	2022.06.10	重庆邮电大学生物信息学院党委副书记柏杨一行人
15	2022.06.22	太和镇校外基地单位负责人

续表

序号	时 间	参观来宾
16	2022.07.08	合川瑞山中学高中政治、英语两个市级课程创新基地成员
17	2022.09.14	合川龙市中学原党委书记、校长杨树吉率班子成员和中层干部
18	2022.09.27	重庆市创新教育学会会长、重庆创新教育研究院院长张广义一行人
19	2022.10.27	攀枝花市第十二中学校长胡常波一行人
20	2023.03.15	四川省遂宁市安居镇、河边镇的领导一行10余人，在太和镇领导和太和中学领导的陪同下
21	2023.05.10	合川区人大副主任柳川等一行人
22	2023.05.10	合川区罗友名校长工作室等3个工作室成员
23	2023.06.19	合川区委常委、区政法委书记秦辉富一行人
24	2023.07.15	安徽省庐江县教育同仁一行40余人
25	2023.10.23	重阳节当天，太和中学退休教师
26	2024.01.04	合川区委常委、宣传部长吴达明，重庆市委宣传部未成年人工作处处长李恬，区教委副主任秦燕江一行人参观

表9-6 基地区级以上媒体相关报道统计表

（2020.4—2023.12）

序号	时 间	相关报道
1	2020.04	“合川教研”公众号报道太和中学生活教育结硕果
2	2020.04	《重庆日报》以《合川劳动教育植入学生成长的根与魂》报道合川劳动教育(有太和中学劳动教育)，并被“学习强国”平台转载
3	2020.06	“今日头条”等报道基地立项
4	2020.07	《合川日报》报道基地立项
5	2021.01	《德育报》2021年第2期第4版以《楹联教育，重庆太和中学诗意浓》为题进行了报道
6	2021.10	中新网重庆，对南川道南中学、铜梁一中、大足一中、重庆市李勇名校长工作室成员和南川“四有八为”德育工作室成员到太和中学参观基地进行了报道
7	2021.02	《合川日报》报道太和中学楹联教育文化
8	2021.04	《合川日报》对合川教育报道中有太和中学办人民满意教育的内容

续表

序号	时 间	相关报道
9	2021.05	“新合川”公众号报道太和中学文化艺术节晚会
10	2021.05	合川手机台“合川新闻”报道太和中学文化艺术节晚会
11	2021.05	《合川日报》报道太和中学文化艺术节助推学校发展
12	2021.12	《德育报》以《多元校本课程，丰盈学生心灵——重庆市合川太和中学基于“新二十三常能”的校本课程开发与实施》为题进行了报道
13	2021.12	重庆日报网对太和中学在重庆市第二届青少年生物多样性探究大赛斩获佳绩进行了报道
14	2022.03	“合川教育”公众号以“蒋志容：乡村教育的追梦人”为题进行了报道
15	2023.04	中国网【对话·思想+】百名校长（书记）访谈系列报道——太和中学党委书记、校长蒋志容
16	2022.05	“合川教育”公众号报道太和中学首届科技节开幕式
17	2022.05	中新网重庆，以《科技进校园 合川一中学学生发射水火箭》为题对基地学生科技活动进行了报道
18	2022.10	在腾讯新闻网，《少年先锋报》报道的川渝多所中小学师生积极参与第三届青少年生物多样性探究大赛有太和中学内容
19	2023.06	学生剪纸亮相重庆乡村学校少年宫劳动教育展示活动现场（人民日报客户端报道有太中）
20	2023.09	太和中学承办了由合川区委宣传部、区教委主办的“四心向党·行走的思政课”区级示范活动，区级多家媒体进行了报道
21	2023.10	华龙网报道太和中学开展“情系敬老院，爱暖夕阳红”重阳节文明实践活动，校团委成员和志愿者走进太和敬老院开展志愿服务
22	2023.11	“园中葵”种植社师生在校园的桂花林发现“植物活化石”松叶蕨，被上游新闻、今日头条等媒体报道
23	2023.12	“今日头条”以“重庆市合川太和中学：和正德育品牌 培育时代新人”为题的报道中有基地报道

本书参考文献

[1]陈开龙，蒋俊杰.“劳动+”型综合实践活动的内涵、框架及路径探讨[J].新课程研究，2021，(7)：13-16.

[2]蒋志容，陈开龙.“劳动+”型综合实践活动推进“五育融合”实践探索[J].生活教育，2023，(1)：40-45.

[3]陈开龙.发展陶行知“二十三常能”，培养学生核心素养[J].生活教育，2019，(7)：10-13.

[4]陈开龙.基于“新二十三常能”的校本课程开发与实施[J].基础教育参考，2021，(7)：22-25.

[5]蒋志容，陈开龙.农村中学综合实践活动常态化实施的策略与路径探究[J].教学管理与教育研究，2021，6(20)：115-117.

[6]重庆市合川太和中学[A].重庆创新教育研究院.渝州潮涌/改革开放40周年重庆校园文化建设百强学校风采录选编[C].长春：东北师范大学出版社，2018.

[7]柳斌.基础教育40年[J].中国教育学刊，2018，(12)：1-5.

[8]周洪宇.陶行知教育名篇精选(教师读本)[M].福州：福建教育出版社，2013.

[9]苏霍姆林斯基.给教师的建议[M].周蕖，等译.武汉：长江文艺出版社，2018.

[10]龚春燕，程艳霞.新时代劳动教育创新论纲[M].北京：教育科学出版社，2021.

[11]吴乐乐.普通高中课程创新基地建设的实践与反思[J].基础教育参考，2020，(6)：7-10.

[12]毕小君，聂磊，于晓航.美育建功新时代[N].中国教育报，2022-12-29(6).